Junbi –
Sei bereit !

WOLFGANG SCHMITT

JUNBI – SEI BEREIT!

TAEKWONDO-TRAINING
IM ALLTAG

MIT EINEM GELEITWORT
VON PARK SOO-NAM

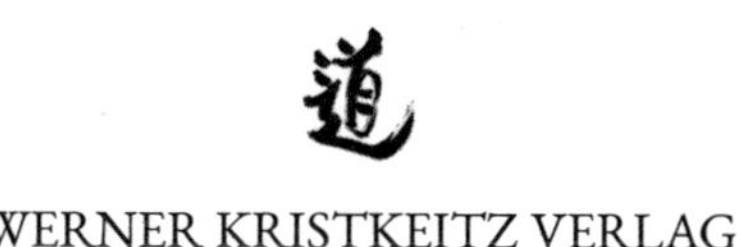

WERNER KRISTKEITZ VERLAG

Die Texte «Das Do im Morgengrauen», «Wo Goethe Taekwondo trainieren würde», «Radical Brand», «Ein-Minuten-Taekwondo» sowie «Das 50-plus-Taekwondo-Manifest» erschienen erstmals 2009 in *Spuren des Weges*, vom gleichen Autor.

Pinselzeichnung Seite 9: © Wolfgang Schmitt.

Umschlagabbildung: Meister Miguel Chung / © Academia Mestre Chung, Lissabon

ISBN 978-3-932337-57-4

www.kristkeitz.de

Inhalt

Brücken schlagen

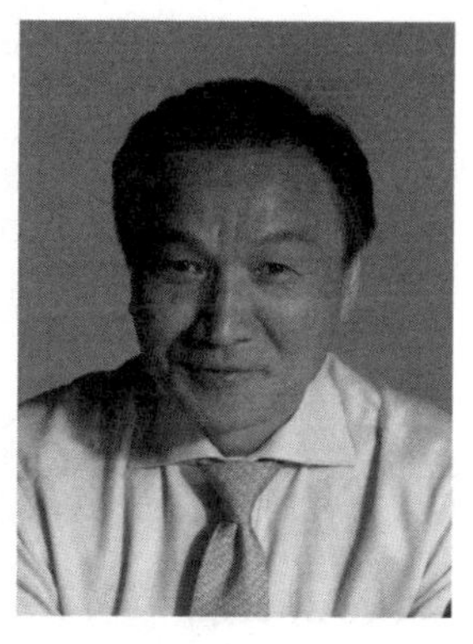

«Ich lebe Taekwondo», hörte ich vor Kurzem einen langjährigen Taekwondo-Sportler und -Trainer sagen. Man kann davon ausgehen, dass seine Schüler – so heißen die Sportler im Taekwondo ganz klassisch – bei ihm in guten Händen sind. Denn er wird ihnen neben körperlichen Fertigkeiten auch Werte vermitteln, neben Tae und Kwon auch das Do.

Das tut auch Wolfgang Schmitt allmonatlich in seinen Texten in unserer Zeitschrift *Taekwondo Aktuell.* Dabei geht es ihm gar nicht in erster Linie darum, die Lehren des Taekwondo auf den Alltag zu übertragen. Im Gegenteil: Oft stellt er Erkenntnisse aus anderen Lebensbereichen vor und macht sie für das Taekwondo-Training fruchtbar. Zeitmangel, der Umgang mit Ängsten oder Kommunikationsstörungen sind ebenso Thema wie die Überflutung mit Reizen oder die mangelnde Fähigkeit, im richtigen Moment «abzuschalten». Wobei alle, die sich mit diesen Themen im Sport auseinandersetzen, natürlich auch fürs Leben dazulernen können. Es entsteht ein Wechselspiel von Beobachtungen und Erkenntnissen.

Manche Texte kommen mit einem Augenzwinkern daher, bei anderen ertappt man sich vielleicht auch selbst und überprüft die eigene Einstellung (nicht nur) zum Taekwondo.

Im Idealfall wird dies dazu anregen, selbst weiterzudenken und Brücken zu schlagen zwischen Alltag und Taekwondo – und umgekehrt. So ergibt sich eine inspirierende Lektüre, die weiter wirkt über den Augenblick des Lesens hinaus – wie das Taekwondo über die Trainingsstunde.

Aber auch über Landesgrenzen hinweg werden Brücken geschlagen: Wolfgang Schmitt unterrichtet Taekwondo in Saarbrücken und im benachbarten Frankreich und setzt sich dadurch mit unterschiedlichen Mentalitäten und Sprachen auseinander. Auch die Schüler nehmen gern die Möglichkeit wahr, in beiden Ländern zu trainieren, und entdecken über das Taekwondo das Gemeinsame und das Verbindende.

Taekwondo lebt. Über die Jahrhunderte gewachsen, als Kampfkunst Mitte des vergangenen Jahrhunderts erwachsen geworden, heute als olympischer Sport etabliert, erreicht Taekwondo Millionen Menschen, die unseren koreanischen Nationalsport in aller Welt betreiben. Ob im Breiten- oder im Spitzensport, ob im jungen oder im hohen Alter: Die intensive Beschäftigung mit Taekwondo geht über den Sport hinaus.

Daher freue ich mich, dass diese Texte nun gesammelt in einem Band erscheinen, um Taekwondoschüler und Taekwondolehrer gleichermaßen über den Sport hinaus zu inspirieren und zu bereichern.

Prof. Dr. h. c. Park, Soo-Nam, 9. Dan
Präsident der Deutschen Taekwondo Union

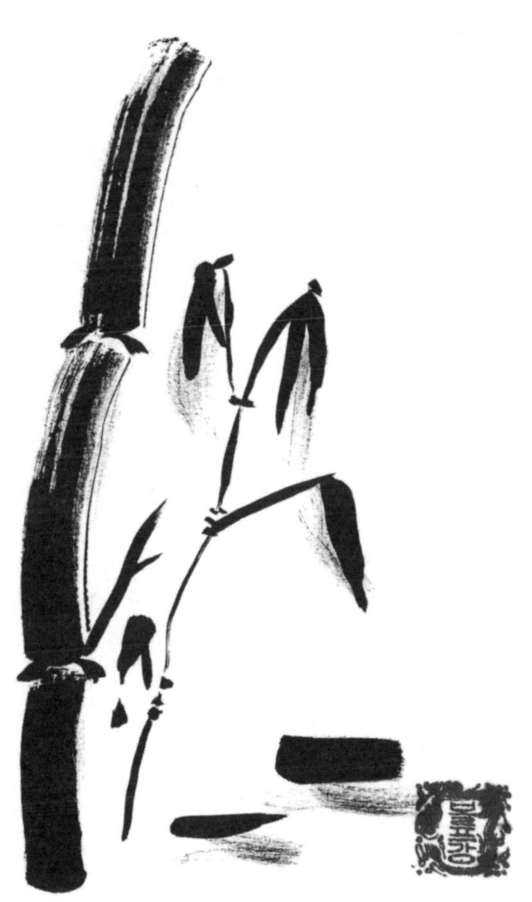

«Es gibt keine Trennung
zwischen Taekwondo
und dem täglichen Leben.»

Taekwondo 2.0 oder: Quo vadis, Taekwondo?

Taekwondo ist Kampfsport, Taekwondo ist Kampfkunst. Taekwondo kann aber noch mehr sein. Nicht für alle vielleicht, aber für einige. Für viele ist Taekwondo eine Freizeitbeschäftigung, die als Ausgleich zum Job betrieben wird. Zumindest ist dies eine oft genannte Motivation bei Einsteigern. Andere wollen schlichtweg fitter und gesünder werden, gegen Pfunde ankämpfen, beweglicher werden, eine bessere Haltung bekommen, Muskeln aufbauen – oder ganz einfach Spaß am Körper haben. Das Spektrum der Gründe, Taekwondo zu betreiben, ist vielfältig. Auch der sportliche Wettkampf kann ein Grund sein, schreibe ich in «Nicht so verbissen, bitte!». Wie die meisten der asiatischen «martial arts» bietet Taekwondo viele Zugangswege. Die meisten sind irgendwie körperlicher Natur. Wenige finden den Weg zum Taekwondo über das «Do», über den «Weg», über das, was Taekwondo auch sein kann: eine Auseinandersetzung mit sich selbst, aber auch mit der Umwelt, mit dem, was einen umgibt.

Die hier in leicht überarbeiteter Form veröffentlichten Texte erschienen in den vergangenen Jahren in *Taekwondo Aktuell*, dem Fachorgan der Deutschen Taekwondo Union. Zunächst in der Rubrik «Mentales und Do», später dann – gewissermaßen solitär – auf der letzten Seite: als «Rausschmeißer». Nach vielen Informationen über aktuelle sportliche Ereignisse, sportpolitische Hintergründe, aber auch gesundheitliche Themen, schließt diese letzte Seite das Heft und öffnet es gleichermaßen auch wieder. Einerseits kann man das Heft mit der letzten Seite physisch zuklappen, andererseits will diese «letzte Seite» dem Leser den

Weg zurück öffnen und ein wenig zum Reflektieren einladen. So wichtig sportliche Erfolge – persönlich oder auch gesellschaftlich – auch sind, Taekwondo kann mehr sein als «nur» Sport. Dass dieses dem Begriff Taekwondo immanent ist, wissen viele: Jeder Schüler kann etwas zum «Do» sagen, kann zumindest sagen, dass «Do» der «Weg» ist oder dass in «Do» der Begriff «Dao» steckt und dass Taekwondo vielleicht auch etwas mit Daoismus zu tun haben könnte ... Irgendwie spürt man, dass da mehr sein kann – etwas, was über den Sport hinausgeht.

Taekwondo kann auch politisch betrachtet werden. Zu Beginn durchaus aus politisch-gesellschaftlicher Notwendigkeit oder Eitelkeit heraus als Instrument genutzt, zieht sich durch die Geschichte des Taekwondo etwas Geheimnisvolles, lässt Taekwondo an und für sich als etwas Mysteriöses, manchmal auch als politisches Kunstprodukt erscheinen. Die Geschichte, die geschichtliche Bedeutung des Taekwondo ist sicher noch nicht abgeschlossen.

Heute sind es viele Millionen Menschen, die Taekwondo betreiben, die von der Aura eines asiatischen Kampfsports fasziniert sind und die weit weg sind von den politisch-gesellschaftlichen Bedingungen, welche die Anfänge des Taekwondo begleitet haben. Zu spüren bekommt man diese allerdings auch noch heute manchmal, betrachtet man die unterschiedlichen Taekwondo-Stile, die sich mittlerweile entwickelt und Aus- und Abgrenzungen voneinander in ihre Programme geschrieben haben. Quo vadis, Taekwondo?

Analysiert man die inhaltlichen Grundpfeiler des Taekwondo: Anstand (Yeui 예의), Moralität (Yeomchi 염치), Geduld (Innae 인내), Selbstdisziplin (Geukgi 극기) und Unbeugsamkeit (Baekjeol Bulgul 백절불굴), so kommt man zu dem Schluss, dass diese Kampfkunst sicherlich die Vielfalt gelten lässt und Ausgrenzungen per se nicht zulässt. Aus zum Überleben notwendigen kämpferischen Fähigkeiten entstanden, kann Taekwondo heute als integrierende Kunst über sportliche, soziale und nationale Grenzen hinweg weitere Bedeutung erlangen: über den Sport und über das «Do» – wenn es in der Welt des Taekwondo akzeptiert und wirklich gelebt wird.

Taekwondo ist eine Möglichkeit zur Auseinandersetzung: einerseits natürlich kriegerisch, andererseits aber auch als Idee zur kontroversen Beschäftigung mit sich selbst – und damit im Umgang mit anderen. Dies könnte, einmal gelebt, ein Weg für ein Taekwondo «2.0» sein – ob in der Schule begonnen oder im reiferen Alter, Taekwondo bietet hier die Chance.

Die Themen der «letzten Seite» aus *Taekwondo Aktuell* wollen hier ansetzen und den Weg über den Sport hinaus beschreiten.

Wolfgang Schmitt

Taekwondo ist der Spiegel,
der, zu Anfang noch blind,
immer klarer wird,
bis dass du dich selbst erkennen kannst.
Wenn du willst.
(aus *Spuren des Weges*, 2009)

Das Do im Morgengrauen
oder
Das leise Samurai-Gefühl

«Nichts ist in dieser Welt unmöglich. Fester Entschluss kann Himmel und Erde bewegen, sagt man. Dinge scheinen weit jenseits der Macht eines Menschen zu liegen, weil er sein Herz aus Mangel an starkem Willen nicht auf ein schwieriges Projekt richten kann. Es hängt ganz von der geistigen Einstellung ab, sogar Himmel und Erde zu bewegen, ohne die eigene Stärke anzuwenden.»

So steht es im *Hagakure*, dem «Buch des Samurai» von Yamamoto Tsunetomo aus dem frühen 18. Jahrhundert.

Es gibt sicherlich tausendundeinen Grund, nicht aus dem Bett zu steigen. Aufzählen könnte man vieles. Aber eigentlich zählt nichts. Nur eins: den festen Entschluss vom Vorabend umzusetzen. Sicherlich, es kann schon mal zum Kampf kommen; da geht es um den viel und oft zitierten inneren Schweinehund, den es zu überwinden gilt. Das ist manchmal so. Da gibt es aber etwas anderes, etwas, was stärker ist als die mögliche Ausrede. Nur, was ist das? Ist es nicht so, dass etwas fehlen würde, trainierte man nicht? Ist es nicht so, dass man sich selbst gegenüber gewissermaßen untreu würde?

Es ist eigenartig. Man fühlt sich wirklich stark, hat man den Schritt vor die Haustür getan, sitzt man endlich im Auto oder in der Bahn und ist man auf dem Weg. Auf dem Do. Auch dieser Weg, dieses Do, ist Teil des Taekwondo.

Aber was hört man da? Sonderlinge sind das, die da frühmorgens ihren Weg ins Training suchen. Verbissene, Besessene! Übereifrige! Immerhin, es ist wahr: Einige müssen schon um fünf Uhr morgens aufstehen, um das Frühtraining zu besuchen. Verbissene, vielleicht; Besessene, vielleicht; das muss jeder für sich selbst beantworten. Aber eines ist allen mit Gewissheit gemein: Der Tag muss mit Taekwondo beginnen. Der Weg, das Do, den man beschlossen hat zu gehen, beginnt mit dem Weg ins Training. Das geht sicher allen so, die es ernst meinen mit Taekwondo und – vor allem –: es mit sich selbst ernst meinen.

Aber da ist auch noch ein anderes Gefühl, das es nur am frühen Morgen zu geben scheint. Da gibt es den Nebel, die Sonne, die aufgeht, da muss man manchmal «mitten in der Nacht» Eis am Auto kratzen ... Und dann, einmal unterwegs ... Eigentlich unglaublich, was da morgens schon auf der Autobahn oder in der Bahn oder in der Stadt los ist. Der Wagen der Straßenreinigung fährt vorbei, die Lichter spiegeln sich in den Regenpfützen, in den Bäckereien brennt Licht, Lkw liefern Waren an, da sind die Vögel, die den Frühling herbeizwitschern. Gedanken kommen: all diese Fleißigen, die sich auf den Weg zur Arbeit machen. Aber da gibt es auch die, die in der Bahn bereits das erste Bier öffnen ... Und man selbst? Man gehört irgendwie nicht dazu. Zumindest jetzt nicht. Man weiß: Okay, irgendwann am Tag beginnt auch die Arbeit – aber jetzt ... jetzt gehört man sich erst mal ganz allein. Man ist auf dem Weg!

Vielleicht wie ein Samurai, allein mit sich, damals mit seinem Schwert, wir – heute – mit unserem Dobok im Gepäck.

Fester Entschluss kann Himmel und Erde bewegen, kann man im *Hagakure* lesen: Es hängt ganz von der geistigen Einstellung ab, sogar Himmel und Erde zu bewegen, ohne die eigene Stärke anzuwenden.

Das 50-plus-Taekwondo-Manifest – Taekwondo als lebenslange Übung

«Versuche erst gar nicht, in einen Wettbewerb mit Typen zu geraten, die gut 20, 30 Jahre jünger sind als du.

Das bereitet nur Schmerzen. Psychische einerseits, physische liegen auch in Reichweite.

Denke daran, du musst dir nichts mehr beweisen. Diese Zeit liegt längst hinter dir.

Geglaubt, dich beweisen zu müssen, das hast du früher getan.

Hab *jetzt* Spaß am Taekwondo!

Lass die ‹Cracks› sich austoben und beobachte sie. Lächle!

Du warst auch mal so. Bist auch ständig mit überhöhter Geschwindigkeit gefahren.

Du musst nicht länger auf der Überholspur fahren, denn du bist längst angekommen.

Lass die ‹Cracks› gewinnen wollen. Die brauchen das. Das weißt du.

Deshalb hast du längst gewonnen, noch bevor der ‹Fight› angefangen hat.

Denn: Es gibt keinen ‹Fight› für dich.

Genieße deine Bewegungen!

Konzentriere dich auf die Bewegungen!

Zeige die Formen so, dass die Formen dich zeigen!

Da steckt der Wettbewerb!

Mit dir selbst zum einen.

Manchmal aber auch mit anderen.

Auch mit jüngeren.

Nur nicht gegen.
Doch vergiss nicht: Lächle.

Hab Spaß am Taekwondo!»

Taekwondo! In just one minute! Wenns wirklich so einfach wäre!

Man sagt doch, Taekwondo zu erlernen, erfordere beständiges Training, und das über Jahre hinweg?

Aber was ist das mit dem Ein-Minuten-Taekwondo in der Überschrift? Gibt es das wirklich? Ich glaube, ja!

Das Ein-Minuten-Taekwondo ist die Konzentrationsübung schlechthin. Und eigentlich universell einsetzbar.

Macht einmal folgenden Versuch: Lasst vor eurem geistigen Auge eure höchste Hyeong ablaufen. Und stellt euch vor, ihr selbst führt diese Hyeong aus. Seht euch dabei zu, wie ihr die Hyeong ausführt. Wie in einem Traum, nur, dass ihr den Traum steuern könnt. Also: Beobachtet euch selbst – mit geschlossenen Augen – beim Ausführen einer Hyeong.

Zunächst einmal beobachtet euch von außen, so als ob ihr am Rand als Zuschauer säßet und einer Vorführung zuschautet. Macht das einmal und lasst die Figur, also euch selbst, jede einzelne Technik, so perfekt wie möglich aussehen. Perfekt in der Haltung, perfekt in der Anspannung, perfekt in der Technik, perfekt im Atmen. Und dann nennt – schweigend, später vielleicht laut – dazu die Namen der einzelnen Techniken, und zwar so schnell wie die Figur, die da auf der «geistigen Matte» ihre Form ausführt. Zunächst einmal auf Deutsch, dann, wer es kann, auf Koreanisch.

Das Ganze dauert – bis auf die ganz hohen Hyeongs – selten mehr als eine Minute. Das ist das Ein-Minuten-Taekwondo!

Wer will und wer den Mut hat, der sollte sich jetzt einmal in die Figur hineinversetzen und die Hyeong ausführen. Also nicht mehr am Rand als Beobachter, sondern in der Figur als Akteur. Wie fühlt sich jetzt die Hyeong an? Seht den Arm blocken oder schlagen, so wie ihr es im normalen Training auch manchmal seht. Seht das Bein kicken, seht die Drehung, spürt die Drehung. Das ist Ein-Minuten-Taekwondo.

Eines ist klar: Das Ein-Minuten-Taekwondo ersetzt kein Training. Vielmehr kann das Ein-Minuten-Taekwondo euch dabei helfen, nicht nur eure Formen besser auszuführen, sondern ganz allgemein eure Konzentration zu verbessern.

Er ist ein Großmeister der Werbung. Er ist Professor und dazu auch noch Buchautor: Vilim Vasata. Vor Kurzem ist mir sein Text *Radical Brand* wieder zwischen die Finger gekommen.

«Radical Brand» heißt so viel wie «Radikale Marke», und was Vasata da für die Werbung fordert, das kann einem schon zu denken geben. Und dies dann auch über den «Werbetellerrand» hinaus.

Wir alle kennen sie, die ganz großen Namen der Werbung, die großen Marken. Allen ist eines gemeinsam: Sie haben es geschafft! Geschafft, dass man an eine der herausragenden Eigenschaften der Produkte denkt, wenn man nur den Namen hört oder ein Produkt sieht oder eben eine Werbung. Wie sie es geschafft haben, das wird so ganz nebenbei in Vasatas Text dargestellt und auf einen Nenner gebracht: Radikal! Alle diese Firmen haben etwas «radikal gemacht» und dadurch so etwas wie Marken-Persönlichkeit entwickelt.

Wir kennen das Wort «radikal» und viele seiner Bedeutungen: etwas radikal beseitigen; etwas radikal ablehnen; es gibt radikale Richtungen, radikale Gruppen, radikale Reden. Revolutionäre politisch-ideologische Denk- und Handlungsweisen werden radikal vertreten und so weiter ...

Nur, was hat das alles mit Taekwondo zu tun? Wenn ich mich so umschaue, in Veranstaltungen, in Schulen, in Magazinen, scheinen sich da in den vergangenen Jahren immer mehr «Persönlichkeiten» zu entwickeln, die irgendwie mal etwas von Werbung gehört haben. Von Alleinstellungsmerkmalen, vom Reason Why, vom Unique Selling Point und so weiter ... Da glaubt man, um jeden Preis auffallen zu müssen. «Seht her! Da bin ich!» Das reicht vom überaus farbenfrohen Dobok oder Dogi bis zum mit Abzeichen übersäten Kampfanzug. Da wird mit viel und lauter Musik die Kata oder die Hyeong zur Performance, nicht ganz unähnlich der Darbietung von Breakdancern.

Ist das «radikal»? Wird man dadurch zur Persönlichkeit? Im Umfeld des Kampfsports gar?

Das Wörtchen ‹radikal› stammt vom lateinischen Wort für Wurzel, *radix*, ab. Nur, hat das, was man heute vielerorts im Kampfsport erkennen muss, noch etwas mit den Wurzeln des Kampfsports zu tun? Werden wir tatsächlich zu Marken oder Persönlichkeiten, wenn wir uns auf die Mittel und Instrumente der Werbung einlassen? Macht der bunte Anzug, die musikgestützte Ausführung der Formen, den wahren Kampfsportler aus?

Radikal ist wohl eher der Meister, er ist schlicht und einfach und ohne Schnörkel. Der wahre Meister braucht solche Elemente nicht, um als Persönlichkeit wahrgenommen zu werden. Man erkennt ihn allein daran, wenn er einen Raum betritt. Ob es nun an seinem Gesichtsausdruck liegt, seiner Körperhaltung oder seiner Art zu sprechen. Das ist radikal, reduziert auf die Wurzeln der Persönlichkeit, reduziert auf die Wurzeln des Taekwondo. Radical Taekwondo.

Dies sollte für alle gelten, als Maßstab oder Maxime, die sich ernsthaft mit Taekwondo oder einer anderen Kampfkunst beschäftigen.

Mich interessiert nicht, ob ihr gelbe, blaue, rote oder schwarze Gürtel tragt.

Mich interessiert nicht, ob ihr zum Show- oder Demo-Team gehört und taktgenau auf die Musik diese oder jene Bewegungskombinationen macht. Das kann ein TV-Ballett, wenn man dem die Idee eines Handkantenschlags oder Kicks nahebringt, besser. Das hat nichts mit Taekwondo zu tun, genauso wenig wie die Gürtelfarbe wirklich etwas über das Verstehen von Taekwondo aussagen kann. Bestenfalls ist es aber so.

Mich interessiert, ob es so ist. Mich interessiert Taekwondo!

Es ist die Disziplin, die man unweigerlich erlernt, hat man sich der Sache einmal verschrieben.

Es ist der Anstand, der erlernt werden muss – anderen gegenüber; zunächst aber sich selbst gegenüber.

Es ist die Rechtschaffenheit, die Ehrlichkeit anderen und – vor allem und zuallererst – sich selbst gegenüber.

Es ist die Ausdauer, die Beharrlichkeit, die, einmal erlernt, auch größte Hindernisse zu überwinden ermöglicht – auch wenn diese in einem selbst liegen mögen.

Es ist die Selbstbeherrschung, die über die physische Kontrolle des eigenen Körpers hinausgeht – es ist diese emotionale Kontrolle, die von allen zuvor genannten Prinzipien genährt, letztlich diesen unbeugsamen Geist ermöglicht – hat man sich einmal einer Sache verschworen.

Daher interessiert es mich nicht, ob einer einen gelben, blauen, roten oder schwarzen Gürtel trägt. Ein Weißgurt, der täglich trotz oder gar wegen einer körperlichen Einschränkung fleißig trainiert, versteht wahrscheinlich mehr vom Wert des Taekwondo als ein Blaugurt, der in der Umkleide verhohlen seinen Neid auf einen frischgebackenen Rotgurt kundtut. Oder der Schwarzgurt, der – gar Trainer – dem neuen Weißgurt die Frau neidet und gar versucht, seine Position auszunutzen.

Beispiele gibt es sicherlich viele, die einem tagtäglich aufzeigen, dass der Weg, den man im Taekwondo geht, nicht einfach ist und dass eben mehr dazu gehört als die Beherrschung des Körpers. So sollte die Beherzigung – irgendwann die Beherrschung – der fünf Prinzipien noch vor dem perfekten Fauststoß kommen, wichtiger sein als der 540-Grad-Sprung.

Und kann dies nicht auch für vieles andere gelten? Im Berufsalltag, im Familien- und Eheleben? Im Blick in den Spiegel am Morgen? Taekwondo ist mehr als nur ein Sport, mehr als eine Kampfkunst – Taekwondo kann der Motor sein für eine gute Lebensschule.

Taekwondo im Zeitalter der Ablenkung

Wir leben in einer sehr spannenden und sehr schnelllebigen Zeit. Und: Wir leben mitten im Informationszeitalter. Aber: Man könnte es auch gut und gerne als das Zeitalter der Ablenkung bezeichnen. Noch nie waren die Möglichkeiten der Ablenkungen so umfangreich, so überwältigend, so intensiv, so anhaltend, wie sie heute sind. Andauernd klingelnde Telefone, das ist eine Sache – in Bussen und Bahnen und auf der Straße; hinzu kommen die ständigen E-Mail-Benachrichtigungen am Computer; Chats, Instant Messaging, Twitter und RSS tickern herein und die neuesten Facebook-Nachrichten wollen auch gelesen werden. Und all dies alles in einer ganzen Phalanx von geöffneten Browser-Tabs. Mehr und mehr sind wir online, sind mit der ganzen Welt verbunden und stecken eigentlich bis zum Hals in einem Strom von Informationen. Unsere Aufmerksamkeit ist in ein wahres Kreuzfeuer von Informationsbeschüssen geraten. Always on! Man kann rund um die Uhr einkaufen, neueste Nachrichten verfolgen und sich in einer Flut von Bildern und Werbung treiben lassen. Und wenn neue E-Mails kommen, neue Chatanfragen ... all dies will auch beantwortet werden. Es geschieht nahezu überall: Ob im Büro, zu Hause oder auf der Straße – die so genannten «mobile devices» machen es möglich. Wir alle wissen dies, nehmen es zur Kenntnis. Aber reagiert man darauf? Und dann, wie? Ich will die Technik und die allzeit mögliche Kommunikation nicht verdammen – ich nutze sie ja selbst und bin auch sehr zufrieden damit. Nur: Man muss aufpassen, dass sie unser Leben nicht bestimmen wird. Die Ablenkungsmöglichkeiten sind so vielfältig, dass man den Blick auf das Wesentliche leicht verlieren kann. Hinzu kommt: Der Suchtfaktor ist hoch! Leicht verspürt man eine Befriedigung, «etwas getan zu haben», auch wenn man «nur» auf eine E-Mail geantwortet hat; leicht verspürt man eine gewisse Zufriedenheit, ein Schnäppchen im Netz ergattert zu haben. Dass dabei Zeit, meist viel Zeit vergeht, spürt man manchmal kaum mehr. Kurz: Viele Menschen sind regelrecht abhängig geworden von ihren Blackberries und den anderen hochtechnologischen portablen Kommunikationsmaschinen, so abhängig, dass sie bereits im Dojang Einzug halten. Ich hatte dies (bislang) nur einmal erlebt und dennoch halte ich dies für ein alarmierendes Signal, sieht man den Dojang gewissermaßen als eine der letzten Oasen der Konzentration an, als einen Ort, an dem man sich auf nichts anderes konzentrieren sollte als auf das Wesentliche. Und was ist dies, dieses Wesentliche? Das ist man selbst! Das Training des Taekwondo erlaubt es einem, sich über den Körper, über die körperliche Anstrengung, über die Konzentration auf die Techniken oder Formen, selbst zu finden. Man lernt den Körper – manchmal auch durch Schmerzen und Schweiß – besser kennen, und damit auch letztendlich sich selbst. Im Kino und im Theater gehört es mittlerweile zur Selbstverständlichkeit, dass Mobiltelefone während der Vorstellung ausgeschaltet werden. Warum sollte dies im Dojang – ja selbst in der Umkleide – anders sein? Muss es so weit kommen, dass ein Handy-Verbots-Schild am Eingang zum Dojang angebracht werden muss? Wer sich auf Taekwondo wirklich einlassen möchte, sollte für diese Problematik ein Gespür mitbringen.

Jeder Schnörkel in einer Technik wird sich – wie eine Modeerscheinung – über kurz oder lang wieder verlieren. Ob Kick oder Schlag, die Bewegungen des Taekwondo sind darauf angelegt, durch ein eigentlich minimalistisches Prinzip effektiver und effizienter Techniken «Lösungen» hervorzubringen. Ob in Selbstverteidigung oder Kampf angewendet, Grundschule und Formen lehren einfache und wirkungsvolle Techniken. Diese wollen geübt werden, um geübt eingesetzt werden zu können. Jeder verantwortungsvolle Trainer achtet darauf, dass Techniken und Formen in dem überlieferten Raster ausgeführt werden; dass «Ballast», wie angedeutete Schnörkel, von Anfang an nicht entstehen kann. Daraus lässt sich vieles für den Alltag ableiten – über das Training im Dojang hinaus. Wir leben (meist) in mit Krimskrams überladenen Häusern oder Wohnungen – Ratgeber über das «Ausmisten» bis zum «Feng Shui für den Keller» (okay, ich übertreibe hier ein wenig) finden guten Absatz in den Buchhandlungen. Immer wieder suchen Menschen nach einem Prinzip des Minimalistischen, nach der Ordnung; suchen, wenn sie einmal vom Ballast, vom Müll des Alltäglichen überfrachtet worden sind, Lösungen aus einem Chaos. Das Training des Taekwondo kann da eine gute Hilfe sein. Wie in den Techniken gilt auch hier: Lassen Sie die unnötigen Dinge einfach weg! Und zwar überall. Orientieren Sie sich am Taekwondo, wenn Sie demnächst daran denken, endlich mal die Garage wieder aufzuräumen. Ist alles, was Sie da sehen, wirklich wichtig? Befreien Sie sich von dem Ballast; ob es nun der alte Rasenmäher ist (Teile davon könnte man ja noch als Ersatzteile brauchen), ob es die über Jahre hinweg entstandene Schraubensammlung ist oder ... oder ... oder.

Wer bereits Taekwondo trainiert und dort vielleicht schon einige Fortschritte gemacht hat, braucht sich eigentlich nur auf seine Trainingsinhalte zu besinnen und findet dort auch Ansätze und Lösungen für den Alltag – auch fürs Garageaufräumen. Aber was nützt es, hat man einmal allen Ballast abgeworfen, wenn es danach wieder zum Einkaufen geht! Das Aufräumen und Ausmisten wäre eine reine Verschwendung von Zeit gewesen. Wie der Taekwondo-Anfänger sollte man sich auf die Gibon, die Grundschule, die Basics, beschränken.

Das kann beim Einkauf von Lebensmitteln beginnen (Hand aufs Herz: Wie oft werfen Sie unbrauchbar gewordene Lebensmittel weg?); wie viel brauchen Sie wirklich, um sich – darüber hinaus auch noch – gesund zu ernähren? Was brauchen Sie wirklich an Kleidern? An Schuhen? An Computern, DVDs, CDs und so weiter?

Abgesehen davon, dass Sie künftig weniger Ballast mit sich herumschleppen oder in Ihrem Haus stapeln, das Prinzip des Taekwondo spart noch jede Menge Haushaltsgeld!

Morgens durch den lichtdurchfluteten Bambushain spazieren oder die steilen Treppen zum Tempel hinauflaufen. Der Meister ist schon längst da und meditiert in der aufgehenden Sonne. Einmal mitten in der koreanischen Natur trainieren. In diesen herrlichen Bergen und Wäldern, an diesen Stränden vielleicht? Wer hat nicht schon einmal davon geträumt? Einmal mit Taekwondo begonnen, erwischt es jeden von uns – irgendwann: Der Gedanke, die Idee, der Wunsch, ins Heimatland des Taekwondo zu reisen, um dort am Ursprungsort zu trainieren. Vielleicht hofft man ja dort sogar den Meister aller Meister zu finden und kommt dann als Korea-Erfahrener, Meister-Meister-Geschulter zurück nach Hause. Aber: Warum in die Ferne schweifen, wenn das Gute liegt so nah?

»Willst du immer weiter schweifen? Sieh, das Gute liegt so nah. Lerne nur das Glück ergreifen. Denn das Glück ist immer da.« So steht es irgendwo bei Johann Wolfgang von Goethe. Meine Deutschlehrerin auf dem Gymnasium hatte bereits gesagt, Goethes Worte könnten fast auf alles angewendet werden. Aber dass ich den Großmeister deutscher Dichtkunst einmal in einen Zusammenhang mit Taekwondo bringen könnte …

Goethes Aussage ist einfach: Trainiere bei deinem Meister, trainiere in deiner Stadt, trainiere in deiner Schule; du musst nicht «in die Ferne schweifen», nicht (zusätzlich) in einer anderen Schule, nicht in einem anderen Stadtteil, nicht in einem noch so fernen Land vielleicht – wenn du Taekwondo begriffen hast als Schule für dein Selbst, dein Ich. Und Goethe sagt eigentlich noch mehr: Trainiere für dich und dort, wo du gerade bist; du musst nur erkennen wollen, dass du immer und überall trainieren kannst. Gleichgültig, wo du bist. Lerne das Glück ergreifen. Lerne dein Taekwondo ergreifen. Der eigene Fortschritt im Taekwondo liegt sicherlich nicht im ständigen Suchen nach neuen, anderen, «bunteren» Schulen oder gar in einer Reise nach Korea.

Lebe und trainiere im Hier und Jetzt.

Was Kochen mit Taekwondo zu tun haben kann

In letzter Zeit habe ich für mich das Kochen und die Kochbücher (wieder)entdeckt. Und darüber hinaus Texte, die irgendwie mit dem Kochen zu tun haben. Die Bücher von Anthony Bourdain zum Beispiel. Der Ami mit französischen Wurzeln ist auch Star eigener TV-Sendungen, in denen er die Welt bereist und überall das isst, was sich gerade je nach regionaler oder nationaler Gegebenheit anbietet. Ob das nun roher Seehund am Polarkreis ist oder einfache Spaghetti mit Tomatensoße auf Sizilien. Bourdain ist unterwegs und isst. Er probiert alles, er sucht das Abenteuer und is(s)t einfach neugierig.

Viele, die Kampfsport erlernen (oder erlernen wollen), verhalten sich ähnlich wie Bourdain. Sie trainieren mal hier, trainieren mal da; sind eine Zeit lang fasziniert von brasilianischer Capoeira; switchen dann zu philippinischem Escrima, machen Station bei Taekwondo und Karate, probieren westliches Boxen aus, suchen im Bogenschießen das «Zen-Exotische». Das Angebot und die Verführung sind ja auch mannigfaltig. Aber zu oben genanntem Starkoch besteht ein kleiner Unterschied. Er reist zwar und probiert einfach alles aus, nur: Bourdain hat sein Handwerk von der Pike auf gelernt, hat eine abgeschlossene Ausbildung zum Koch absolviert, ist Chefkoch, er weiß also – auch wenn er von frittierten Muscheln in Puerto Rico fasziniert ist – wie man eine *beurre blanc* herstellt oder ein klassisches Wiener Schnitzel zubereitet. Bevor er sich der Vielfalt der kulinarischen Angebote hingegeben hat, studierte er die eine klassische Küche, die Grundlage allen Kochens.

Bei unserem Sport sollte man sich genauso verhalten. Die Schüler sollten sich dessen bewusst werden. Erst wenn die Grundlage erlernt ist, das Fundament solide errichtet, sollte man (bei aller Vorsicht) sich «in der Welt umschauen» – und seine Wurzeln darüber nie vergessen. Frühestens als Danträger sollte man sich die Frage stellen, ob ein Ausflug in die eine oder andere

Kampfkunst sinnvoll sein kann. Diese Frage allerdings muss dann jeder für sich selbst beantworten. Die Antwort darauf ist sicher nicht einfach.

Eine Frage, die bei Köchen, wenn sie bester Laune sind, also gut gegessen und womöglich zudem allerlei Alkoholisches probiert haben, immer wieder auftaucht, ist die folgende: Was würdest du dir als deine allerletzte Mahlzeit wünschen, wenn du morgen sterben müsstest? Die meisten so Befragten antworten immer wieder in der Tendenz das Gleiche: Sie wünschten sich ein Wiener Schnitzel, ein frisches Stück Brot mit ordentlicher Butter, ein Omelette ... ein gegrilltes Steak. Etwas Einfaches also, etwas Grundlegendes, etwas, was man von seinen eigenen Anfängen, von seinen eigenen Wurzeln her kennt. Eine einfache Antwort – eine grundlegende wahrscheinlich. Auch darüber sollten Kampfsportler ab und zu einmal nachdenken, wenn sie Langeweile im eigenen Training verspüren oder neugierig geworden sind auf «Nachbardisziplinen». Am Ende – wenn ich dies so rückfolgern darf – sind alle irgendwie wieder am Anfang.

Achtung! Die nachfolgenden Anmerkungen sind zunächst einmal nur für Männer gedacht. Für echte Männer und solche, die keinen Bart tragen. Zumindest im ersten Teil, denn es geht um die tägliche Rasur. Und zwar die traditionelle, zeitaufwändigere, mit Seife und Pinsel, nicht die – easy living – mit Rasierschaum aus der Dose. Es geht um das Einseifen. Die Damen der Schöpfung kommen diesmal zum Schluss dran.

Jeder kennt das, man hat immer ein stärkeres Bein oder einen stärkeren Arm. Bei Handbruchtests wird dies einem zumeist bewusst. Da soll man – sei es bei einer Prüfung oder überraschend im Training – plötzlich mit einem Handkantenschlag oder Faustrückenschlag ein oder zwei Bretter «knacken». In sich ist das schon keine leichte Aufgabe, dazu kommt möglicherweise der Prüfungsstress oder andere Faktoren. Ganz wie von selbst neigt man in diesen Situationen dazu, seine stärkere Hand, seinen stärkeren Arm als Mittel zum Zweck, als «Waffe» zu nutzen. Und zumeist ist dies, wer ahnt es, die rechte Seite. Aber es gibt auch noch eine andere Seite, die linke nämlich, und die wird dadurch immer weiter ins Abseits geschoben. Man hat schlichtweg kein Vertrauen in diese Seite und wählt automatisch oder unbewusst immer die stärkere Seite aus. Das muss aber nicht sein.

Eine gute Übung, sich mit seiner linken Seite stärker vertraut zu machen, ist die tägliche Rasur. Benutzen Sie einmal Ihre linke Hand. Nehmen Sie den Pinsel in die linke Hand, um die Seife – sei es aus der Tube oder dem Tiegel – im Gesicht zu verteilen. Das ist gar nicht so einfach. So stark sind wir in unseren Gewohnheiten verfangen, dass diese anscheinend einfache Übung sich als recht schwierig erweisen kann. Aber lassen Sie sich nicht entmutigen. Üben Sie, und nach und nach werden Sie (wieder) mehr Vertrauen in Ihre linke Seite bekommen. So weit sogar, dass Sie sich trauen werden, auch mal den Rasierapparat mit links zu führen. Der Bruchtest mit der linken Hand ist dann nur eine Frage der

Zeit. Natürlich gilt oben Beschriebenes im Grundsatz auch für Frauen. Auch wenn das Rasieren nicht zu den täglichen Übungen gehören wird. Wie wäre es aber mit Zähneputzen mit links oder Wimpern tuschen, Haare bürsten oder föhnen ... Koordination, Feinmotorik und Vertrauen in den eigenen Körper und dessen Fähigkeiten werden allemal gestärkt. Und wer bereits Linkshänder oder Linkshänderin ist, sollte es mal mit rechts probieren. Sicherlich werden sich viele Möglichkeiten finden, die jeweils «schwächere» Seite etwas herauszufordern und zu stärken.

Nicht so verbissen, bitte!

Zugegeben, vor ein paar Tagen hatte ich keine Lust auf Taekwondo. Nein, es geht nicht um den viel zitierten «inneren Schweinehund», den ich diesmal nicht besiegen konnte. Es war Sonntag, ich musste nicht zur Arbeit, das Wetter war okay: Die Sonne schien, kein Regen in Sicht, die Temperatur war angenehm. Und da war die Lust, sich zu bewegen! Eine gute Gelegenheit, mal außerhalb des geschlossenen Dojangs zu trainieren. Also, Rad aus dem Keller geholt, Reifen überprüft und was sonst noch alles zur Sicherheit gehört, Helm aufgesetzt und los gings. Ungefähr vierzig Kilometer sollten es werden, hin und zurück; ein entspanntes, entspannendes, lockeres Sonntagmorgen-Kreislauftraining an der frischen Luft.

Es war sehr viel los auf dem Leinpfad, denn ganz offensichtlich hatte ich nicht allein die Idee, mich draußen bewegen zu wollen. So wurde schnell aus dem lockeren Radfahren ein Slalom-Manöver um Jogger, Walker, Bike-Fahrer, Rennradfahrer, Skater, Kinderwagenschiebende und -joggende. Kaum Wanderer oder Spaziergänger.

Es war ein ständiges Beschleunigen und Abbremsen. Viele Kilometer lang war hohe Konzentration gefordert. Und da es doch irgendwie recht langsam zuging, blieb immer wieder Zeit, die Leinpfad-Mitbenutzer zu taxieren. Es waren kaum Jugendliche und junge Erwachsene unterwegs. Die Mehrheit der sich Bewegenden war im Rentenalter oder in der Dekade davor. Und in allen Gesichtern war eines abzulesen: Anstrengung, teilweise Überanstrengung. Verkniffen und verkrampft wurde da gejoggt, geskatet und geradelt. Keine Spur von Freizeitvergnügen. Da wurde überholt und geschnitten, da wurde gekämpft, als wenn es sich um einen Wettkampf handelte und es etwas zu gewinnen gäbe. Und plötzlich war ich mitten im Dojang. In Gedanken, meine ich, immer noch auf dem Rad sitzend.

Wie oft erlebt man Kollegen oder Schüler, die, ähnlich den Anstrengungen der «Leinpfadler», eine Form im Training ausführen, als wenn ihr Leben davon abhinge? Die, wenn sie mit Zählen beim aufwärmenden Hampelmann an der Reihe sind, lauter und schneller zählen als alle anderen und das Tempo ins Absurde steigern. Die, die anstatt gestärkt, erschöpft aus einem Training kommen. Zumeist sind dies auch die etwas «Älteren». Aber nicht nur. Es sind die, die partout glänzen wollen. Die, die dem Trainer ihr Engagement beweisen wollen und gar auf ein Lob hoffen. Die, die besser sein wollen als andere und gar nicht merken, dass sie gerade dadurch das Gemeinschaftsgefühl ausbremsen und sich selbst dadurch auch gewissermaßen in ein Abseits stellen.

Für viele ist Taekwondo eine Freizeitbeschäftigung, die als Ausgleich zum Job betrieben wird. Zumindest ist dies eine oft genannte Motivation bei Einsteigern. Andere wollen schlichtweg fitter und gesünder werden, gegen Pfunde ankämpfen, beweglicher werden, eine bessere Haltung bekommen, Muskeln aufbauen – oder ganz einfach Spaß am Körper haben. Das Spektrum der Gründe, Taekwondo zu betreiben, ist vielfältig. Auch der sportliche Wettkampf kann ein Grund sein.

Manchmal sollte man sich aber fragen, ob die Verbissenheit, die manch einer an den Tag legt, dem Körper, der Seele, aber auch der Sache guttut.

Nuno Russo treffe ich vor dem Ginasio Club Portugues, der Talenteschmiede des portugiesischen Sports. Russo kommt mit seiner Vespa; er sagt, es ist das beste Verkehrsmittel für ihn durch den dichten Lissabonner Verkehr. Nuno Russo ist ständig in Sachen Jogo do Pau unterwegs. Es ist seine Mission. Er ist der Botschafter dieser portugiesischen Stockkampfkunst. Und: Er ist darin der Meister schlechthin.

Es werden fünf sehr anstrengende Tage, die ich mit Mestre Russo, mit Meister Russo verbringen werde. Fünf Tage mit Muskelkater, der Entdeckung von Körperpartien, die sonst weniger trainiert werden, fünf Tage mit Blasen an den Händen, fünf Tage, die mein Verhältnis zum Stock grundsätzlich verändern werden.

«Jogo do Pau» heißt wörtlich «Spiel mit dem Stock». Wobei diese Kunst kaum etwas mit einem Spiel zu tun hat. Treffer mit diesem circa 600 Gramm schweren und etwa 160 cm langen Holz können Knochen zerschmettern. Das Verb «jogar» – «spielen» –, meint Nuno Russo, kann früher auch eine andere Bedeutung gehabt haben, in etwa: den Stock werfen oder wirbeln. Früher, das ist einmal das Mittelalter, wo die Techniken dieser Kampfkunst in einigen wenigen Publikationen zum ersten Mal aufgezeichnet wurden. Früher, das ist aber vor allem das neunzehnte Jahrhundert, von dem es heißt, dass fast jeder mit dieser traditionellen Kampfkunst zumindest umgehen konnte. Es ist eine Kampfkunst, die bis zum ersten Weltkrieg weit verbreitet war und vom Bauern bis zum König ausgeübt wurde. Danach in Vergessenheit geraten, erlebt das Jogo do Pau in den Siebzigerjahren eine kleine Renaissance, wird neu entdeckt und heute wieder an einigen Orten im Land praktiziert, dies allerdings von nur einigen wenigen. Gerade mal an sechs Schulen in ganz Portugal wird Jogo do Pau im Rahmen des Schulsports unterrichtet. Die Ausrichtung als Wettkampfsport mit Schutzausrüstung ist ein weiterer Aspekt einer Erweiterung, die eine größere Verbreitung des Jogo do Pau wiederbeleben soll.

Die Ursprünge lassen sich in den Norden Portugals zurückführen, in die Gegend des Minho, wo vor allem Hirten und Bauern mit dem Stock umzugehen wussten. Eine zweite «Schule» entwickelte sich in und um Lissabon. Einflüsse aus asiatischen Stockkampfkünsten, wie an anderen Stellen oftmals verzeichnet, gibt es keine, wenngleich die Geschichte Portugals als Nation von Seefahrern und Eroberern dies nahelegen könnte. Das Jogo do Pau ist eine originäre portugiesische Kampfkunst, betont Russo.

Der Kampf mit diesem Stock zielt vor allem auf drei Körperregionen ab: die Knie, die Rippen und den Unterkiefer. Wenn «gestochen» wird, dann auf Kehle oder Philtrum, jenen Vitalpunkt zwischen Nase und Oberlippe. Die Angriffe verlaufen – ob von links oder rechts kommend – zumeist in Kurven, sei es von oben nach unten oder umgekehrt.

Das Training ist hart, übt Reaktionsfähigkeit, Schnelligkeit und kardiovaskuläre Ausdauer. Russos Training stellt die Verteidigung in den Mittelpunkt, denn aus jeder Verteidigungshaltung heraus erfolgt unmittelbar ein Angriff und zwar dergestalt, dass die Kraft oder der Impuls des gegnerischen Angriffs aufgenommen und zum eigenen Angriff genutzt werden kann. Das macht das Jogo do Pau sehr effektiv. Einerseits durch die «automatische» Abfolge von Verteidigung und Angriff, andererseits durch die einfache «Handhabung»: Es gibt kein Umgreifen, kein «Wechseln» der Hände ... Jogo do Pau ist dazu da, den Gegner schnellstmöglich und zielführend kampfunfähig zu machen.

«Das einfachste Ziel», erläutert Russo, «und darauf achtet kaum eine asiatische oder andere Stockkampfkunst, das sind die Hände. Jede Stockkampfkunst schützt primär den Kopf, den Körper, die Beine, aber ein erster Schlag im Jogo do Pau gilt – wenn nicht gleich den Hauptzielen – den Händen. Der zweite Schlag dann ...»

Seit fast vierzig Jahre übt sich Nuno Russo, heute 57 Jahre alt, im Jogo do Pau. Eine Zeit lang studierte er einige asiatische Kampfkünste – in Paris und in Japan, wo er jeweils über drei Jahre lang lebte. Heute widmet er sich ausschließlich der portugiesischen Stockkampfkunst.

Nach meinen intensiven und ungewohnten Trainingseinheiten kann ich ihn verstehen: Die Vielfalt, die Variationsmöglichkeiten, die diesen Techniken zugrunde liegen, scheinen unendlich. Als Nuno Russo mir am Ende meines Aufenthaltes eine «seria» zeigt, eine Art Form, den er aus einigen alten «serias» aus dem neunzehnten Jahrhundert, ergänzt um eigene Elemente, entwickelt hat, eröffnet sich zudem ein weiterer, ein ästhetischer Aspekt: Russo zeigt diese Form zu portugiesischer Gitarrenmusik. Er sagt, es sei nett, so etwas zu machen: «Es ist eine Verbeugung vor den alten Meistern. Mit Kampf hat dies zwar weniger zu tun, aber es ist nett. Heute nutzen wir neue ‹serias›, sie sind Bestandteil der Ausbildung – aber ohne Musik, denn wir wollen hier ja kämpfen lernen.»

Nuno Russo nennt seine Schule mittlerweile «Esgrima lusitana», lusitanisches Fechten, wobei er hiermit einerseits das «spielerische» im Wort «Jogo» hinter sich lässt, andererseits durch das Wort «lusitana» die ur-portugiesische Wurzel betont. Denn: «Lusitania» ist die älteste Bezeichnung für das Land am westlichsten Zipfel der «alten Welt».

Selbstverständlich ist dies keine Einladung oder Aufforderung zum S-Bahn-Surfen. Das kann man wirklich nicht machen. Einerseits ist es verboten, zum anderen kommen dadurch immer wieder einige – pardon – übermütige Schwachköpfe ums Leben. Aber es gibt auch eine intelligente Art des S-Bahn-Surfens. Eine nämlich, die Ihrem Taekwondo-Training (aber auch dem Training jeder anderen Kampfkunst) zugute kommt. Wenn Sie in der glücklichen Lage sind, nicht auf das Auto als Verkehrsmittel angewiesen zu sein, und Sie zudem noch in einer Stadt wohnen, die über eine S-Bahn verfügt, sollten Sie das S-Bahn-Surfen, wie ich es meine, durchaus einmal ausprobieren. Was ich meine? Fahren Sie einmal S-Bahn, ohne sich an einer Haltestange oder -schlaufe festzuhalten. Es ist nicht ganz einfach. Zumindest am Anfang. Aber es ist ein hervorragendes Gleichgewichtstraining; ein Training, das Ihnen hilft, Ihren Schwerpunkt zu finden und Ihre Haltung zu verbessern.

Gut, in Tokyo (wir kennen alle die Bilder, wo Passagiere wie Ölsardinen aufeinanderkleben), aber auch in europäischen Metropolen wird dies zur Rushhour nicht funktionieren; da bleibt einem ja manchmal kaum der Platz, sich umzudrehen oder gar die Luft, um zu atmen. Aber wenn Sie ein bisschen Platz haben, sollten Sie es ausprobieren.

Stellen Sie sich schulterbreit hin, beugen Sie leicht die Knie und schieben Sie Ihr Becken etwas nach vorn, so als wenn Sie im Begriff wären, sich gleich auf den hinter Ihnen stehenden unsichtbaren Barhocker setzen zu wollen, und beginnen Sie dann, im Rhythmus der Fahrtbewegungen Ihren Körperschwerpunkt und Ihre Haltung anzugleichen. Sehr schnell werden Sie feststellen, welchen Wert – hat man ihn einmal entdeckt – das Finden des Körperschwerpunktes ausmachen kann. Nicht nur, dass Sie sich der richtigen und sinnvollen Ausführung eines Gima Seogi oder Kiba Dachi bewusst werden, auch wird diese Übung helfen, ein besseres Verständnis für die anderen Grundstellungen zu finden. Aber eins noch: Wenn Sie damit beginnen, üben Sie zunächst in der Nähe der nächsten schnellstmöglich erreichbaren Haltestange. S-Bahn Surfen ist nicht leicht!

Sechzig mal sechzig oder achtzig mal achtzig Zentimeter Duschwanne – zwei Meter Höhe – nasser Boden – Wasser von oben – Seifenschaum und Shampoo. Und in dieser Umgebung Taekwondo praktizieren? Unvorstellbar! Eigentlich. Klar ist: Ein Fersendrehschlag dürfte da kaum möglich sein, auch Faustschlagübungen sollten äußerst schwierig werden, ein Mureup Chagi – ein Kniestoß – vielleicht denkbar, zumindest. Die Taekwondo-Übungen, die ich meine, sind andere. Ich denke da eher an ein Taekwondo mit der Nagelbürste.

Aber der Reihe nach. Betrachtet man Taekwondo nicht nur als Wettkampfsport oder Kampfsport, so steht bei vielen Großmeistern der gesundheitliche Aspekt des Taekwondo im Vordergrund aller körperlichen und geistigen Bemühungen, die mit dem – am besten täglichen – Training verbunden sind. Durch das Strecken und Dehnen werden die Meridiane angesprochen und der Körper durch die Gymnastik und die (Kampf-)-Übungen erwärmt, sodass Taekwondo als eine Regulationstherapie des Organismus verstanden werden kann. Nichts anderes aber ist die Koreanische Handtherapie nach dem koreanischen Arzt Yoo Tae-woo – eine Regulationstherapie. Hier sind alle Körperteile auf die Hand projiziert. Das letzte Glied des Mittelfingers stellt den Kopf dar, Daumen und kleiner Finger die Beine, Ring- und Zeigefinger die Arme. Auf der Hand lassen sich ebenso alle Organe lokalisieren. Der Körper mit all seinen Muskeln, Organen, Sehnen und Knochen ist auf der Hand «abgebildet». Ein gezieltes Stimulieren bestimmter Regionen der Hand hat somit eine direkte Auswirkung auf die entsprechenden Körperteile. Ein schmerzhaftes Knie kann so durch eine gezielte Massage, durch eine Moxibustion oder Akupunktur am zweiten Kleinfingergelenk behandelt werden; Kopfschmerzen oder Schnupfen können am letzten Glied des Mittelfingers therapiert werden.

Mit der Nagelbürste, morgens unter der Dusche (aber auch am Waschbecken), kann man so die Handinnenflächen, den Handrücken, aber auch die einzelnen Finger massieren, was eine echte Ergänzung zum täglichen Taekwondo-Training sein kann. Das Wohlbefinden wird gesteigert, kleinere Wehwehchen werden «einfach weggerubbelt», Verspannungen im Lenden- oder Schulterbereich können gelindert werden. Die «Nagelbürstentherapie» setzt durch die Massage der Akupunkturpunkte körpereigene Regulationsmechanismen in Gang. Ganz ähnlich wie auch im Taekwondo-Training.

Die, die wirklich kämpfen

Im Lauf der Zeit habe ich schon einige Schüler kommen und gehen gesehen, auch Kollegen, die bereits einen Dangrad erreicht hatten. Manche blieben über einige Jahre, andere verließen den Dojang bereits nach wenigen Wochen oder Monaten. Zu anstrengend sei das Training, sagten die einen, zu realitätsfremd, sagten andere; der Trainer passe einem nicht mehr, Mitschüler würden bevorzugt behandelt; man wollte eigentlich durch das Training abnehmen, aber es hat doch nicht sofort geklappt, und in die Gemeinschaft sei man auch nicht richtig aufgenommen worden. Wer unterrichtet, kennt solche (und viele andere) ähnliche Begründungen. Gleichgültig, wie sie auch aussehen, eines ist all denen, die den Dojang verlassen haben, gemein: Sie haben sich mit Taekwondo nie richtig auseinandergesetzt, haben nicht erkannt, welche Vorteile, körperlicher wie psychischer Art, das Training des Taekwondo haben kann. Mit anderen Worten: Sie haben nicht gekämpft. Und dabei hatten sie eigentlich alle nur denkbaren positiven Ausgangsbedingungen: Sie waren allesamt gesund! Andere wiederum kommen in den Dojang und haben nicht diese Ausgangsbasis. Und meist sind sie es, welche am längsten durchhalten, denn sie wollen kämpfen, sie müssen kämpfen, haben erkannt, welche guten gesundheitlichen Auswirkungen ein regelmäßiges Taekwondo-Training hat. Für mich sind diese Menschen die wahren Kämpfer, die echten Krieger. Ob es die junge Frau ist mit der Krebserkrankung, der Herr mit dem künstlichen Hüftgelenk oder ein weiterer, der weiß, dass er sich bewegen muss, trotz oder wegen einer lädierten Bandscheibe. Sie sind die wahren Helden eines jeden Dojangs. Kaum werden diese Kämpfer diese so bewunderten akrobatischen körperlichen Hochleistungen vollbringen können wie die «jungen Wilden»; eine Form wird selten in akkurater Präzision ablaufen oder ein Bruchtest nicht in zwei Meter Höhe aus dem Sprung heraus gelingen können. Ihre Hochleistungen, ihre Präzision bleiben den meisten anderen Schülern verborgen, werden kaum von anderen wahrgenommen: Es ist eben dieses Kämpfen trotz und gegen alle gesundheitlichen Widerstände und Hindernisse. Dass diese Kämpfer manchmal im Training oder bei Prüfungen insgeheim wegen ihrer Bemühungen belächelt werden, das sollte uns, die unterrichten, nachdenklich werden lassen und zum Handeln anhalten. Nicht nur das sportlich-körperliche Programm sollte, gerade im Taekwondo, im Vordergrund stehen – sonst bleibt das Bemühen um einen Prozess des geistigen Wachsens der Schüler nur eine leere Worthülse.

Gucken Sie gerne Filme? Es sieht ja da alles so einfach aus, lässt man sich auf die unterschiedlichsten Filmmomente ein. Da sitzt der Meister im Bambushain und meditiert, und später, während er Tee bereitet, führt er den Betrachter in die Wissenschaft der Pflanzen ein und wie diese zum wahren Ich führen kann.

Dann wird ein Schüler, der sich im Training ein wenig verletzt hat, oder eine junge, meist arme Frau durch wenige Handgriffe fernöstlicher Massage- und Akupunkturtechniken wieder ein wenig «lebendiger», und zum guten Schluss, nach einem Tag voller Kampfexerzitien, widmet sich der Meister der Kunst der Kalligrafie. Tagesmomente eines (aus Filmszenen zusammengezimmerten) Meisters des Daoismus, eines wahren Kampfkunstexperten.

Aber Hand aufs Herz, wer lässt sich von solchen Vorstellungen nicht manchmal selbst beeinflussen und probiert mal das eine oder andere aus? Man versucht zu meditieren, trinkt Tee statt Kaffee, preist die Vorzüge asiatischen Essens (und geht weniger zu McDo und Co.), kauft sich ein Buch über Traditionelle Chinesische Medizin, und man versucht, durch all diese Disziplinen seine Mitte, das Dao, zu finden. Irgendwas muss da doch dran sein am Do. Etwas, was über das reine Kämpfen mit Hand und Fuß hinausgeht, etwas ... anderes.

Und tatsächlich, da muss es etwas geben. Ein Blick ins *Kukkiwon Taekwondo Textbook* kann da einen Hinweis geben. Fast unglaublich, wie viele Nachbardisziplinen aufgeführt werden, will man sich ernsthaft mit Taekwondo beschäftigen. Und (fast) alles oben Angeführte findet sich in den drei großen Kreisdiagrammen, die im *Textbook* abgebildet sind und alle Nachbardisziplinen darstellen, wieder: von der Ernährung über die Pädagogik, die Traditionelle Chinesische Medizin und das Management bis hin zur Ästhetik. Taekwondo ist sehr komplex, und ein wirkliches Studium dieser Kampfkunst endet (oder beginnt) in einem philosophischen System und verlangt eigentlich vom Studenten, dass er sich nur noch und ausschließlich mit Taekwondo und damit auch dem Dao auseinandersetzt: ein Fulltime-Job!

Die meisten von uns allerdings haben dazu weniger die Zeit, müssen sich in erster Linie mit dem Alltag beschäftigen. Und dennoch, die Vorstellung, das «System Taekwondo» zu leben, reizt – auch, um dem Bild, der Idee eines daoistischen Meisters, ein wenig näher zu kommen. Also, warum nicht? Man kanns ja mal probieren. Und sei es nach Feierabend. So, wie auch die meisten von uns eigentlich Taekwondo trainieren.

Allein die Beschäftigung mit der Ästhetik, zum Beispiel mit Pinsel und Tusche, stellt einen da vor eine große Herausforderung und kann einen gedanklich – wenn man sich darauf einlässt – auch dem Taekwondo näher bringen. Probieren Sie es aus und versuchen Sie, mit einer einzigen Pinselbewegung einen Kreis zu Papier zu bekommen. Generationen von Kalligrafieschülern und -meistern haben sich mit dem Kreis beschäftigt, und trotz aller Bemühungen ist es wohl nie gelungen, den einen, vollkommenen Kreis zu schaffen. Probieren Sie es, versuchen Sie den «Weg des Kreises» zu gehen. Viel Tusche, viel Papier wird man brauchen, lässt man sich einmal darauf ein. So wie man einen Bandae Dollyeochagi übt oder einen Fauststoß, es wird nie die eine, die perfekte Technik entstehen. Hat man dies einmal verstanden, so fällt einiges vielleicht leichter: ob beim Fauststoß oder beim Kreiszeichnen. Und jedes Mal wird das eine wie auch das andere, die Kampftechnik oder der Kreis, ein klein wenig besser. Und vielleicht kommt man sogar dem Bild des Meisters des Daoismus ein Stückchen näher – und sei es nur nach Feierabend.

Ich bin 175 cm groß, wiege knapp 70 kg und habe einen BMI von 22. Das scheint, in Relation zu meinem Alter, 53, sehr okay. Kein Wunder, wird da vielleicht manch einer sagen, der betreibt ja auch Taekwondo, hält Unterricht, läuft einiges an Kilometern in der Woche und fährt zudem noch ab und zu Fahrrad. Kein Wunder, dass da Body-Mass-Index und sonstiges körperliches Aussehen stimmen. Kaum ein Gramm Fett zu viel. Nur, die sportliche, die körperliche Bewegung ist nicht alles. Eigentlich ist es der geringere Teil. Und doch erhoffen sich viele, die heute ins Taekwondo-Training kommen, durch Taekwondo abnehmen zu können (sie wissen: Es gibt kaum ein anderes Trainingsprogramm, das die wichtigen Faktoren wie Kondition, cardio-vaskulärer Aufbau, Beweglichkeit, Konzentration und so weiter in gleicher Weise vereint).

Taekwondo-Training, die Wunderwaffe gegen Übergewicht!?

Ist aber nicht so. Leider. Das Training im Dojang macht vielleicht gerade mal einen Anteil von 30 Prozent aus, will Mann oder Frau sich den Superkörper antrainieren. Der große Rest ...? Die anderen 70 Prozent? Klar, es ist die Ernährung!

Übergewicht ist ein Problem. Weltweit. Rund anderthalb Milliarden Menschen gelten als zu dick, 500 Millionen als fettleibig, weil sie einen Body-Mass-Index über 30 haben. Vor Kurzem las ich von einer Langzeitstudie (über 20 Jahre!), in der man das Ernährungsverhalten von über 100.000 Männern und Frauen erforscht hat; man wollte herausfinden, welche Lebensmittel stärker mit einer Gewichtszunahme verknüpft sind als andere. Ein Ergebnis – so scheint es mir – war vorhersehbar (und eigentlich für jeden nachvollziehbar und bereits in vielen anderen Studien und Ernährungstabellen nachzulesen): Wer Kartoffelchips und Pommes Frites zu sich nimmt, wer nicht auf das Trinken zuckerhaltiger Limonaden verzichtet, wer rotes Fleisch sowie Wurst isst, nimmt zu. Dagegen soll die tägliche Dessert- oder Süßigkeiten-Portion sich geringer auf die Gewichtszunahme auswirken. Das andere Ergebnis: Wer mehr Gemüse, Früchte, Vollkorn, Nüsse oder Joghurt isst, nimmt ab, so die Studie. Im Grunde nichts wirklich Neues oder Revolutionäres.

Warum ich dennoch darüber hier schreibe? Weil es trotz aller Offensichtlichkeit noch nicht in das Bewusstsein aller vorgedrungen ist – auch bei Taekwondo-Treibenden. Das *Kukkiwon Taekwondo Textbook* weist die Ernährungswissenschaft als eine wichtige Komponente im Studium des Taekwondo aus. Bücher über (Sportler-)Ernährung gibt es wie Sand am Meer. Aber es ist viel einfacher. Man muss nicht gleich Experte in Sachen Ernährung werden, um sich gesund und «schlank machend» zu ernähren. Vielleicht genügt folgender Gedanke, wenn man das nächste Mal zu Chips & Flips greift, wenn man das nächste Mal vor dem Fast-Food-Laden steht. Wer kraftvoll und dynamisch wie ein Rennwagen daherkommen will, der mutet seiner Maschine (sprich: Körper) auch keinen Diesel zu. Nur ..., der Weg vorbei an Eis und Snickers, an m&m's und Flips und Schokolade, dem Burger mit Fritten und all den anderen Sünden ... Er ist schwer. Auch und immer wieder für den Autor dieser Zeilen. Aber schließlich gibt es ja noch das Training ...

Ich bin kein Musiker, ich spiele kein Instrument, ich kann kaum Noten voneinander unterscheiden, dennoch gehört neben dem Musikhören die Musik in vielen Facetten zu meinem Leben einfach dazu. Auch das Lesen über Musik. So wurde mir das Buch des Amerikaners Kenny Werner empfohlen. Allein der Titel fordert einen, der Taekwondo betreibt, förmlich heraus. *Effortless Mastery* heißt es, was so viel heißt wie «Meisterschaft ohne Anstrengung».

Werner ist Jazz-Pianist, einer der Großen der Szene, und hat bereits mit vier Jahren begonnen, Klavier zu spielen. Heute unterrichtet er selbst und versucht seinen Schülern andere Wege zur Virtuosität aufzuzeigen. Wenn man so will, nutzt er gewissermaßen den Zen-Weg und rät seinen Schülern, einfach loszulassen, nicht an Vorstellungen zu kleben, nicht unbedingt mit Macht und Kraft zu wollen, sondern sich einfach dem Spiel hinzugeben. Es sei weniger wichtig, sich auf die Perfektion zu konzentrieren oder auf das, was man möglicherweise als ideales, unerreichbares Ziel vor Augen hat; man solle nicht krampfhaft versuchen, der beste Musiker der Welt zu werden. Sein Fazit: Hat man erst mal verstanden, dass die Musik nicht das Wichtigste im Leben ist, wird man (fast automatisch) ein besserer Musiker.

Werner nutzt ein für manche etwas provozierendes, aber eindrückliches Beispiel und schreibt (sinngemäß und hier auf das Taekwondo heruntergebrochen): Nimm dir eine Plastiktüte und stülpe sie dir über den Kopf, binde sie richtig gut zu, sodass keine Luft hinein- noch herauskommen kann und beginne bis 100 zu zählen. Und dann stelle dir dabei einige Fragen: Bei zwanzig kannst du dir vielleicht überlegen, ob die siebte Trainingseinheit in der Woche dich wirklich einen Schritt weiterbringen wird; bei 35 angekommen, überlege, ob du deinem Lehrer bald ein Geschenk machen solltest (vielleicht gibt es ja dann bald den nächsten Gürtel), bei der Hälfte angelangt, kannst du versuchen darüber nachzudenken, wie du beim nächsten Turnier einen der vorderen Ränge belegen kannst, und bei 73 angekommen, wird dir klar, dass es ohne einen Kieselsteinbruchtest nicht weitergehen kann …

Es ist schnell klar, um was es hier geht. Das Einzige, was wirklich wichtig ist, das ist der nächste Atemzug. Hat man dies tatsächlich einmal erkannt, so spielen die Streiche, die unser Gehirn uns manchmal spielt, keine besondere Rolle mehr. Ob Kieselsteinbruchtest oder Turniersieg oder der nächste Gürtel. Klar, es ist wichtig, große Ziele zu haben, es kommt allerdings darauf an, welche Bedeutung dem beigemessen wird.

Taekwondo, die Beschäftigung mit unserem Körper in seinen vielfältigen Aspekten, kann uns dabei helfen, sich dessen bewusst zu werden. Lasst euch einfach ein auf den Facettenreichtum des Trainings und genießt es; habt Spaß und werdet (fast automatisch) immer besser im Taekwondo.

Er ist gut zwanzig Jahre jünger als ich, eher ein Typ, um den man bei einer Begegnung am Abend auf der Straße vielleicht ein Bogen machen würde: rasierter Kopf, breite Schultern ...

Ich war für einige Wochen Gast in einem Dojang (übrigens nicht in Deutschland) und ich kam die gerade Treppe herauf, als wir das erste Mal aufeinandertrafen. Mein Blick, um nicht zu stolpern, gesenkt, die Augen auf die etwas zu schmalen Treppenstufen gerichtet. Im Augenwinkel erkannte ich am Ende der Treppe einen Mann im Dobok mit schwarzem Gürtel. Ich erreichte die letzte Treppenstufe und der mir unbekannte Schwarzgurt steht plötzlich in Charyeot Sogi, verbeugte sich vor mir und begrüßte mich anschließend mit Handschlag. Es folgte ein kurzes, nettes Gespräch, ein kleines, rasches Kennenlernen, bevor es «auf die Matte» ging.

Warum ich dies hier erzähle?

Nun, die Überschrift mag darauf hinweisen: Es war eine ungewohnte Art der Begegnung. Mal Hand aufs Herz, wann ist Ihnen so etwas zuletzt passiert? Dass ein wildfremder (oder auch bekannter) Farb- oder Schwarzgurt Ihnen außerhalb des Trainings im Dojang durch Charyeot Sogi als Schwarzgurt Respekt dieser Art zollte. Zumal in der oben beschriebenen Situation noch nicht einmal klar war, wer welchen Rang bzw. Dan trägt. Wie ich später erfuhr, besaß er einen höheren Dangrad als ich. Es war wirklich eine ungewohnte Art der Begegnung. Und eben ganz anders als «hierzulande» und irgendwie «heutzutage». Anachronistisch vielleicht? Oder den Werten des Taekwondo verpflichtet? In einer alten Ausgabe des dreibändigen *Textbook* (1971) finde ich noch solche Verhaltensregeln minutiös aufgeführt: Da wird dem Gruß, wann und vor allem wie und wo er erfolgen soll, einiges an Platz eingeräumt. Auch in neueren (deutschsprachigen) Publikationen findet der Gruß und der entsprechende Respekt sowie Anstand und Höflichkeit immer noch Erwähnung. Die Frage stellt sich allerdings, ob dieses im tagtäglichen (Trainings-)Leben auch gelebt wird. Ich vermisse dies manchmal.

Aufgepasst! Text mit erhobenem Zeigefinger!

Jeder kennt das Zeichen: den ausgestreckten, erhobenen Zeigefinger von Lehrer Lämpel aus *Max und Moritz*, der mahnend in Richtung Schüler erhoben wird und «Obacht!» signalisieren will. Wird dieser Finger allerdings mehrfach seitlich bewegt, von rechts nach links zum Beispiel, dann bedeutet dieser Zeigefinger in den meisten Kulturräumen ein Nein! Was kann man nicht alles mit einem Zeigefinger anstellen ...

So einiges. Man zeigt auf etwas, zum Beispiel ein Bild oder eine Person; man gestikuliert mit dem Finger und gibt Bedeutungen weiter (denken Sie auch an den gekrümmten Zeigefinger der Hexe in Hänsel und Gretel) oder nutzt ihn als Instrument. Einen Knopf kann man drücken und damit die Welt vernichten, drückte man mit dem Zeigefinger auf den Startknopf von Atomraketen; als Waffe kann man ihn im Taekwondo benutzen, aber auch jemanden damit streicheln und liebkosen. Oder in der Nase bohren.

Ein Zeigefinger, und ganz unterschiedliche Anwendungsmöglichkeiten ergeben sich. Es kommt darauf an, was man erreichen will. Vielfältige Aktivitäten und Anwendungen sind denkbar. Der gestreckte, der gekrümmte, der sich bewegende Zeigefinger allein kann Unterschiedliches bedeuten; kombiniere ich den Zeigefinger mit anderen Elementen (meiner Nase, dem Lichtschalter, der PC-Tastatur) ergeben sich weitere Spielarten. Mit anderen Worten, es kommt darauf an, was ich mit dem Zeigefinger machen will! Auf das Ziel kommt es an, auf die Absicht.

So ist es auch im Taekwondo und mit den unterschiedlichen Techniken im Taekwondo. Es gibt nicht nur den einen Sangdan Makgi oder Eolgul Makgi oder Chugyeo Makgi. Überlegen Sie einmal, wie viele Ausholbewegungen Sie allein für diesen einen Block kennen (der eben gerade in drei unterschiedlichen Bezeichnungen daherkommt). Einige, da bin ich mir sicher. Und wie viele Endpositionen dieses Blocks kennen Sie? Auch einige. Beispiele: die «martial arts»-Variante, die den Unterarm zum Oberarm in einem stumpfen Winkel vor und über dem Kopf stehen lässt (die Faust dabei etwas über den Schädelmittelpunkt endend), oder die «competition»-Variante, wo mancherorts gefordert ist, den Unterarm annähernd parallel zur Stirn zu führen und dies nicht über die Stirn hinausgehend. Beide sind Sangdan Makgi oder Eolgul Makgi oder Chugyeo Makgi. Es kommt nur darauf an, was man damit anstellen will: Formen-Wettkampf oder Verteidigung gegen einen von oben nach unten geführten Angriff zum Kopf.

Was für den Zeigefinger, was für den Block gilt, das findet auch ganz allgemein im Taekwondo seine Entsprechung. Die Fragestellung nämlich: Was will ich mit Taekwondo (erreichen)? Als Lehrender und auch als Lernender. Will ich nur Taekwondo -Fitness erlernen oder vermitteln? Will ich der ursprünglichen Kampfkunst näherkommen? Habe ich mich allein dem Spaß und der Bewegung verschrieben?

Hyeong-, Teul-, Palgwae- oder Pumsae-basiertes Training, Martial Art oder traditionelle Kampfkunst, Taekwon-Aerobic oder Taekwon-Dance oder was auch immer sich aus Taekwondo herleiten lässt oder Taekwondo sein kann: Wer lernt oder lehrt, sollte zumindest Kenntnis der unterschiedlichen Facetten haben. Denn den Finger nur zum In-der-Nase-Bohren zu nutzen, das wäre eigentlich schade.

Viele beginnen mit Taekwondo und wollen etwas lernen. Man besucht ein Schnuppertraining, meldet sich an, bleibt eine Weile (oder Jahre) oder man geht ganz in dieser koreanischen Kampfkunst auf. Die Gründe, weshalb man sich für Taekwondo interessieren kann, sind vielfältig. Für die einen mag es ein Sport sein: Bewegung, Fitness, Wettkampf stehen im Vordergrund des Interesses. Für andere ist es vielleicht die echte, intensive Beschäftigung mit einer Kampfkunst.

Manchmal steht bei Interessenten auch der Selbstverteidigungsaspekt im Vordergrund. Einige wollen lernen, wie man sich gegen einen Angriff wehren kann: welche Tricks es gibt, um eine Schlägerei annähernd unbeschadet zu überstehen (wobei man natürlich hofft, dass so etwas nie wirklich eintreten wird). Man will Selbstverteidigung erlernen und beherrschen! Man will sich verteidigen können! Gegen Angriffe! Gegen Aggressoren, die nachts in dunklen Gassen oder in der Disco, im Wirtshaus auftauchen könnten.

Taekwondo bietet hier ja in der Tat ein reiches Repertoire, um sich gegen körperliche Gewalt zu schützen. Man lernt es in den Formen – ob Hyeong, Palgwae oder Pumsae – und übt es im Ilbo Daeryeon und durch Hosinsul. Man sollte nach einigen Jahren des Trainings ein entsprechendes Rüstzeug zur Selbstverteidigung haben.

Doch dies ist nur ein Aspekt davon.

Der Begriff «Selbstverteidigung»: Ist hiermit lediglich die Antwort auf Aggression in Form körperlicher Gewalt gemeint? Steckt hinter oder in dem Begriff nicht doch ein bisschen mehr? Selbstverteidigung ist schlicht die Verteidigung des Selbst. Und auf dieses Selbst wirken doch mehr Faktoren ein als nur der befürchtete Streit in der Kneipe oder auf der Straße.

Das Selbst zu verteidigen, dieses Sichverteidigen, kann durchaus vielfältig verstanden werden, und Taekwondo bietet hier einen ganzen Kanon von Maßnahmen.

Nur einige sollen hier genannt sein. Wie sieht es aus mit den Aggressionen, die tagein, tagaus (manchmal sogar unbemerkt) auf uns einwirken: die Reize durch die Medien zum Beispiel, ob TV, ständige Radio- oder mp3-Berieselung, Werbung, Telefonate, SMS, Chats oder Twitter ... Im Taekwondo-Training kann man (auch durch Meditation) erlernen, sich dessen bewusst zu werden und entsprechend zu handeln.

Die Aggressionen, die Angriffe auf den Körper durch schlechte Ernährung, durch Fast Food. Durch das Taekwondo-Training kann man sich seines eigenen Körpers bewusst werden und merkt schnell, wie welche Nahrung die Leistungsfähigkeit beeinflusst (ganz zu schweigen vom körperlichen Aussehen).

Wie sieht es aus mit Stress und dem viel zitierten «Burnout»? Körperliches wie mentales Taekwondo-Training wirken hier entgegen, das Bewusstsein wird für Stresssituationen geschärft.

Die Wirkungsfacetten des Taekwondo-Trainings sind zahlreich und stabilisieren die Verteidigungsmöglichkeiten des Selbst gegen welche Alltagsaggressionen auch immer. Taekwondo ist eine Kunst der Selbstverteidigung. Eben nicht nur in einer direkten körperlichen Konfrontation, im Kampf. Vielmehr sind es das Bewusstsein für den eigenen Körper (durch das körperliche Training gestärkt) und die mentale Stabilisierung (erlernt durch Konzentrationsübungen beim Ausführen von Formen oder durch die Meditation), die dem Selbst helfen, sich nicht angreifen zu lassen. Zumindest aber, sich der Gefahren bewusst zu werden und entsprechend zu handeln.

Die 80/20-Formel und eine Projektidee

Ich lese im Moment ein Buch eines französischen Schriftstellers und Essayisten. Der Titel ist (ins Deutsche übertragen) «Erste Bilanz nach der Apokalypse». Es geht darin um die Verteidigung des Buches in seiner Papierform im Kampf gegen die digitale Revolution.

Das heißt, es geht um das Lesen auf Papier und das Lesen auf elektronischen Lesegeräten. Das ist das eine. Weiterhin führt der Autor die wichtigsten einhundert Bücher auf: Bücher, von denen er glaubt, man könne sie nur dann authentisch genießen, wenn man sie in Papierform liest. Es sind «seine» wichtigsten Bücher. Aber was hat das mit Taekwondo zu tun? Nichts. Auf den ersten Blick. Aber es hat mich auf eine Idee gebracht.

Der italienische Ökonom Vilfredo Pareto hat im 19. Jahrhundert die 80/20-Formel entwickelt. Diese besagt in Kurzform, dass man mit nur 20 Prozent des Aufwands die größten Ergebnisse erzielt. Andersherum bedeutet das, dass 80 Prozent der Bemühungen Verschwendung sind …

Sie kennen sicher auch diese Bücher der Art «Die einhundert wichtigsten Dinge, die man getan haben muss, bevor man stirbt» etc. …

Wenn es stimmt, dass man mit einem begrenzten Aufwand an Mitteln ein Maximum erreichen kann, wenn es stimmt, dass es 100 Dinge gibt, die man getan haben muss, und wenn man für sich seine wichtigsten Bücher zusammenstellen kann, dann stellt sich mir eine Frage. Vielleicht eine vermessene Frage:

Welches sind die 100 (oder auch weniger) wichtigsten Übungen, die man beherrschen muss, um ein guter Taekwondo-Sportler zu sein?

Welches sind die 20 Übungen von hundert, die man im Taekwondo beherrschen muss, und wie – durch welche Übungen – kommt man dahin?

Wenn Sie aus dem Kanon der Taekwondo-Techniken nur einige auswählen dürften, wenn Sie aus den ungezählten Aufwärm- und Stretching-Übungen Ihre wichtigsten auswählten dürften, welche wären das? Betrachtet man die Formen, Hyeong oder Pumsae, als Werkzeugkasten, welche wählten Sie aus? Welche 20 Prozent der Formen, Techniken, Aufwärm- und Stretching-Übungen bringen für Sie die größten, effektivsten und effizientesten Ergebnisse?

Es gibt nun zwei Möglichkeiten: Entweder Sie wollen die oben angeführte 80/20-Formel für sich nutzen, d. h., Sie können über Ihr eigenes Repertoire nachdenken und nutzen diesen Text als Anregung. Oder Sie schreiben mir und teilen mir Ihre wichtigsten Übungen und Techniken mit.

Vielleicht und je nach Masse der Zusendungen kann ja etwas daraus entstehen ... 20 Prozent der Einsendungen sollten ja ausreichen, ein herausragendes Buch mit den wichtigsten Taekwondo-Elementen herauszubringen. Vielleicht wird ja auch die These widerlegt und im Taekwondo ist alles wichtig. Mal sehen, was passiert. Über Ihre Zuschriften würde ich mich auf jeden Fall sehr freuen.

Wir wissen alle, wie wichtig der erste Eindruck sein soll und sicherlich ist, den man bei einer neuen, ersten Begegnung hinterlässt. Wir haben es oft (genug) gehört, als Ratschlag von den Eltern und Großeltern, wenn man vorhatte, sich irgendwo zum ersten Mal vorzustellen. Sicherlich wurde die Kleidung angesprochen, die sauberen Schuhe, die Frisur, die frische Rasur, das dezente Make-up bei Mädchen und so weiter. Alles Sachen, auf die man achten sollte, um eben keinen schlechten ersten Eindruck zu hinterlassen.

Hinzu kamen (und kommen auch heute noch, denn ich bin sicher, dass Sie solche Ratschläge heute selbst bei den eigenen Kindern anwenden) Hinweise auf deutliche Aussprache, und ab und zu wurde man auch darauf aufmerksam gemacht, gerade zu stehen.

Auf was man da alles nur achten soll ... Fast gleichgültig, denn eigentlich zählt nur eines: die Haltung.

Der allererste Eindruck entsteht durch die Haltung. Punkt. Denn an der Haltung einer Person erkennt man bereits aus einiger Entfernung, mit wem man es zu tun haben wird. Die Haltung ist der allererste Eindruck, den man hinterlässt und nach dem man beurteilt werden kann. Denn: Die körperliche Haltung erzählt dem Gegenüber etwas über den eigenen physischen Zustand, das körperliche Befinden, die Haltung verrät etwas darüber, wie man zu sich selbst steht und auch über die geistige Kraft. Die Körperhaltung ist gewissermaßen eine soziale Währung!

Erinnern Sie sich an Ihre ersten Begegnungen mit asiatischen Großmeistern?

Ich habe einige kennen gelernt, die eher klein von Statur und sogar schmächtig waren. Aber betraten sie einen Raum, «erfüllten» sie diesen auch sofort durch ihre Präsenz. Und das passierte keineswegs durch die Körpergröße. Es geschah nur durch die

Haltung, wenn sie – obgleich klein von Statur – kerzengerade, aber natürlich dastanden. Die Haltung ist somit auch ein Werkzeug zum Führen. An der Art, wie jemand steht (und sich zum Beispiel beim normalen Gehen bewegt), erkennt man Führungspersönlichkeiten.

Das tägliche Taekwondo-Training bietet eine gute Gelegenheit, eine solche Haltung zu erlernen.

Aber nicht nur. Auch die theoretische Beschäftigung mit den körperlichen Auswirkungen des Taekwondo hilft, dies zu erkennen und in das tägliche Leben einzubinden.

Auch wenn der Text mit der Erinnerung an die Ratschläge von Eltern und Großeltern begonnen hat, im Berufsleben sollte man dies gerade heute beherzigen. Ob man früher bei einem Verwandten zu Besuch war oder ob man sich heute bei einem neuen Arbeitgeber vorstellt, die Haltung, das körperliche Auftreten, die Präsenz im Raum ist das, was zählt, was in Erinnerung bleibt. Der gerade Rücken, ob beim Sitzen oder Stehen oder Gehen, die leicht zurückgezogenen Schultern, der erhobene Kopf, als wäre man wie eine Marionette an einem Seil am obersten Punkt des Kopfes aufgehängt. Das ist Stehen, das ist Haltung.

Und ist es nicht auch so, dass man gefragt wurde, wenn man dann zurück nach Hause kam von einer neuen Begegnung: «Und, welchen Eindruck hattest du?»

Gehen Sie mit offenen Augen durch die Straßen, beobachten Sie die Menschen und achten Sie einmal darauf, welche Haltung Ihre Taekwondo-Mitstreiter haben. Die Meister erkennen Sie dann nicht nur an der Gürtelfarbe.

Grão Mestre Chung und die Academia Taekwondo in Lissabon

Mit dem Taxi sind es gerade mal zehn Minuten von der Innenstadt der Tejo-Metropole bis zur Praça José Fontana. Mit der Metro fährt man bis zur Station «Picoas» und hat noch ein paar Meter zu gehen. Der Turm des Sheraton-Hotels ist zu sehen, wie auch das große Verwaltungsgebäude der Portugal Telecom. Schüler des gegenüberliegenden Liçeu Camoes bevölkern in den Pausen und nach der Schule den Park, der der Academia vorgelagert ist, und nehmen dort eine «bica», den kleinen starken portugiesischen Kaffee, oder ein Sandwich zu sich. In einem ehemaligen kleinen Theater ist die Academia untergebracht; Glastüren – darauf das Emblem der Academia – zeigen den Eingang, der direkt auf eine mit Matten ausgelegte Trainingsfläche führt; eine weitere Trainingsfläche ist im unteren Geschoss untergebracht. Im hinteren Bereich, einige Treppenstufen hoch, liegt das Büro von Grão Mestre Chung Sun-Yong, 9. Dan, und seinem Sohn Mestre Miguel Chung, 6. Dan. Überall stehen Pokale, Urkunden hängen an den Wänden, und alles ist voller Bücher. Bücher über Taekwondo und über die vielen Nachbardisziplinen des Taekwondo wie Akupunktur, Taiji oder auch Anatomie, um nur einige Gebiete aufzuzählen.

Seit Anfang der 70er-Jahre ist Grão Mestre Chung Sun-Yong in Portugal. Er ist der Begründer des Taekwondo in diesem westlichsten Land Europas. 1974 begann er dort im Rahmen des Sporting Clubs Taekwondo zu unterrichten – den meisten wird der Sporting Club neben Benfica Lissabon als großer und erfolgreicher Fußballclub eher ein Begriff sein, aber der Club vereint sehr viele unterschiedliche Sportarten unter seinem Dach. Grão Mestre Chung wurde als 6. Dan von General Choi Hong-Hi persönlich, dessen direkter Schüler er war, nach Lissabon gesandt – nachdem er als Militärausbilder in Vietnam und als Taekwondo-Lehrer in Hongkong tätig war. Seine Lehrtätigkeit führte ihn auch in die damalige Sowjetunion, wo er als erster überhaupt Taekwondo unterrichtete. Angola, Mosambik oder auch Israel sind weitere Stationen. In der *Condensed Encyclopedia* von General Choi kann man einige Fotos von Grão Mestre Chung entdecken.

Grão Mestre Chung hat bereits selbst einige Bücher verfasst, die ersten Taekwondo-Lehrbücher in portugiesischer Sprache, die auch in Brasilien große Verbreitung fanden. Einige sind bereits vergriffen (*Pontos Vitais & Defesa Pessoal* – Vitalpunkte und Selbstverteidigung, 1980; *Combate* – Kampf, 1976), andere, *Taekwondo*, 1975, *Taekwondo Poomse*, 1994, und *Taijiquan E Qigong*, 1995, sind noch in der Academia erhältlich. Derzeit arbeitet Grão Mestre Chung zusammen mit seinem Sohn Miguel an neuen, aktualisierten Ausgaben des Pumsae-Buches und des Grundlagenbandes *Taekwondo* sowie an weiteren Büchern, die sich auch mit den «Vitalpunkten» beschäftigen.

Die Academia Taekwondo von Grão Mestre Chung ist eine echte Martial-Arts-Schule, vielleicht sogar die einzige in Portugal, die über den Sport hinausgeht. Im vergangenen Jahr konnte Grão Mestre Chung «35 Jahre Taekwondo in Portugal» feiern, in einem großen Festakt, bei dem zahlreiche seiner ehemaligen Schüler und deren Schüler aus ganz Portugal sowie auch der Botschafter Koreas in Portugal und viele Koreaner, die in Portugal leben, anwesend waren.

Der Kampfkunstaspekt wird in der Academia in all seinen Facetten großgeschrieben. Grão Mestre Chung orientiert sich an den Werten des traditionellen, ursprünglichen Taekwondo, die er in das Unterrichtsprogramm des modernen Taekwondo integriert. Unterrichtet wird in der Academia immer nach festen Programmelementen, sodass neben der Gymnastik, den Basis-Technikübungen («Gibon») und Formen auch immer Hosinsul-Elemente, Ilbo-, Ibo- und Sambo-Daeryeon und auch andere Kampfelemente integriert sind. Das Spannende ist der Unterricht der Formen: In der Academia werden sowohl traditionelle

Formen, die Hyeongs, als auch die Wettkampfformen unterrichtet. So erlernen die Schüler ein breites und weit gefächertes Programm, das auch für die Prüfungen relevant ist. So gehört zum Beispiel zur Prüfung zum ersten Dan die Darstellung der achten Taegeuk Pumsae sowie auch der Hyeongs Hwa-Rang und Chung-Mu. Keine leichte Aufgabe sicherlich, denn die unterschiedliche Ausführung der einzelnen Techniken wie auch die Beherrschung der verschiedenen Begrifflichkeiten gehören wie der korrekte Ablauf selbstverständlich dazu.

Auch das Verhalten der Schüler (nicht nur) im Dojang ist ein wichtiges Element. Höflichkeit und Respekt werden in der Academia besonders betont, erzählt Mestre Miguel Chung. Das Verbeugen als Zeichen des gegenseitigen Respekts findet sich bei mehr oder weniger allen Handlungen: selbstverständlich beim Grüßen oder beim Betreten und Verlassen des Dojang, aber auch zum Beispiel beim Überreichen der Pratzen bei einem Übungs- oder Partnerwechsel. Mestre Miguel Chung arbeitet hier ganz in der Tradition des Vaters, ganz in der Tradition des traditionellen Taekwondo. Bereits seit 1998 unterrichtet er in der Academia; zwischenzeitlich unterrichtete er auch in Korea und den USA, konnte dort weitere Erfahrungen sammeln und wurde bereits mehrfach international als Schiedsrichter, wie zum Beispiel beim Taekwondo Hanmadang, eingesetzt.

Auch die Meditation gehört zu jedem Training dazu. Zu Beginn und am Ende heißt es: «Jeongjoa», was so viel bedeutet wie «in Meditation sitzen». Mit Sitzen allerdings hat diese Art der Meditation wenig zu tun. Vielmehr «erdet» man sich auf Knien und Fäusten in einer Art «Vierfüßlerstand», den Kopf leicht gesenkt – man bereitet sich auf die Trainingseinheit vor. Auch das gemeinsame Aufsagen des «Schulschwurs», des «Kwan-won Seun-seo», gehört dazu. Übertragen heißt es dort: «Wir Schüler trainieren unseren Körper und unseren Geist entsprechend der vorgeschriebenen Regeln. Wir Schüler sind in Freundschaft vereint. Wir Schüler halten uns an die Regeln und befolgen die Anweisungen der Lehrer und höher graduierter Schüler.» Wer die Schule von Grão Mestre Chung besucht, wird nicht zuletzt davon beeindruckt sein.

Die Schüler der Academia kommen aus allen Schichten, Alt und Jung trainiert zusammen – Alters- und soziale Unterschiede übergreifend. Sie erlernen ursprüngliches Taekwondo von einem, der von Anfang an dabei war, der es an seinen Sohn weitergegeben hat. Gemeinsam mit den Schülern folgt man zusammen der Idee des Taekwondo. Über das Sportliche hinaus. Denn hier werden über die körperliche Fitness hinaus die traditionellen Werte gelebt: Anstand, Moralität, Geduld, Selbstdisziplin und Unbeugsamkeit. Eine echte Kampfkunstschule eben.

Die Academia liegt etwas abseits der üblichen Touristenpfade. Doch wer im kleinen Park der Praça José Fontana einmal seine «bica» trinken und dort den Tauben beim Kampf um die Pausenbrotreste der Schüler des Liçeu Camoes zuschauen sollte, der sollte einmal die Straße überqueren und einmal eintauchen in eine Kampfkunstwelt, die man heute nur noch schwer finden dürfte.

Einmal volltanken bitte! Aber mit frischer Luft!

Geht es Ihnen auch manchmal auch so? So gar keine Lust, im Dojang zu trainieren – sei es nun der eigene Raum oder die zur Verfügung gestellte Schulturnhalle oder der Gymnastiksaal eines Fitness-Centers ... Die geschlossenen Fenster, manchmal der «Mief» der vorangegangen Trainingsgruppe – einfach nur ... der geschlossene Raum ...

Warum verlegt man nicht einmal eine Trainingseinheit nach draußen; jetzt, wo der Sommer vor der Tür steht, wenn es langsam warm wird, die Bäume und Sträucher zu sprießen und zu blühen beginnen. Vielleicht kennen Sie die Videos auf Youtube, in denen koreanische Taekwondo-Schüler (mit Turnschuhen!) einen Waldlauf absolvieren oder in denen die Trainingseinheiten eines Mas Oyama zu sehen sind: Er und seine Schüler trainieren einfach draußen an der frischen Luft.

Aber es sind nicht die Videos, die Youtube-Filmchen, es ist das eigene Erleben, das mich auf diesen Gedanken (mal wieder) gebracht hat. Es war der Waldlauf am vergangenen Wochenende. Und ich meine Waldlauf. Nicht das Joggen im Stadtpark oder um den Häuserblock herum, nein im Wald. Abseits der Wanderwege. Auf kleinen Pfaden, die für Mountainbiker ausgeschildert sind und von denen «Singletrails» genannt werden. Was ich meine, ist das richtige Eintauchen in die Natur, sportliche Betätigung inklusive. Und irgendwann und irgendwo kam ich dann auf eine Lichtung, auf so einen richtigen kleinen Trainingsplatz mitten in der Natur. Hier einmal die Wildschweine und Rehe mit einem ordentlichen Gihap aufschrecken ... das wärs doch? Naja, etwas rücksichtsvoller dann schon, aber die Idee war wieder da, und ich untersuchte den «Untergrund» dieser Grünfläche. Also, so ein richtiges Training könnte man hier nicht abhalten. Zu groß ist die Gefahr, dass durch die Unebenheiten im Boden, die Steine, die Löcher, etwas passieren könnte, umknicken, Knöchel verstauchen und was sonst noch alles auf einer solchen Fläche passieren kann. Aber Grundtechniken hier zu absolvieren, das sollte doch möglich sein. Langsam und konzentriert Formen ausführen. Gymnastik oder Qigong praktizieren. Und dann ist da eben noch der Waldlauf selbst. Hin zur Lichtung im Wald und zurück. Nicht jeder wird so naturnah wohnen wie ich, und Großstädter haben es sicherlich etwas schwerer, einen Wald in der Nähe zu finden. Aber man kann auch zum Wald fahren, ob mit Bus & Bahn oder mit einem angemieteten Bus. Ein solcher Taekwondo-Ausflug ins Grüne wird sicher einige Anhänger finden, und ich bin mir ziemlich sicher, dass die Teilnehmer, haben sie einmal draußen an der frischen Luft, inmitten der Natur trainiert, es immer wieder machen wollen: volltanken, mit frischer Luft.

Meditation – oder: Wie man vor und nach dem Training den Schalter umlegt

Ich gebe zu, ich habe es selbst einige Zeit nicht praktiziert. Aber seit ich es wieder regelmäßig einsetze, hat sich einiges verändert. Ich meine die kurze Meditation vor und nach dem Training. Einmal ist es wirklich spannend zu beobachten, wie die Schüler vor dem Training und dann nach dem Training in der Meditation sitzen: zu Beginn teilweise krumm und angespannt, am Ende aufrecht und ruhig. Zum anderen ist da die Konzentration! Mit dem Anziehen des Dobok legt man den Alltag ab und konzentriert sich im Training ganz auf den Unterrichtsstoff und auf sich selbst, damit auf die anderen, die Partner. Man erlernt Techniken, Kondition, Beweglichkeit, Achtsamkeit und noch so vieles andere mehr. Aber ist es wirklich so? Wem gelingt es schon, nur durch den Wechsel der Kleidung von einer auf die andere Minute ein «anderer Mensch» zu werden, wem gelingt es schon allein dadurch, sich ganz auf sich und das, was passieren wird, zu konzentrieren? Es ist schwierig. Die kurze Meditation kann dabei allerdings sehr unterstützend sein. Allerdings wird sie kaum noch praktiziert. Leben ist Stress – zumindest für die meisten von uns. Da sind die Arbeit, die Familie, die Wege mit dem Auto durch den dichten Berufsverkehr, überfüllte Bahnen und Busse, die alltäglichen Sorgen, ob in der Schule oder zu Hause... Man könnte noch vieles mehr aufzählen. Selbst Freizeitbeschäftigungen – wie Taekwondo – können Stress auslösen. Stress macht müde, körperlich und auch seelisch, und Stress kann auch krank machen: Bluthochdruck, Schlaflosigkeit, Gefühlsschwankungen bis hin zu Störungen des Immunsystems. Meditation wirkt dem Stress entgegen. Meditation lässt die Gedanken ruhig werden, leert gewissermaßen das Hirn von belastenden Gedanken. Meditation ist der Gegenspieler zum Stress, und wenn man will, kann die kleine Meditation vor dem eigentlichen Training wie ein Schalter wirken: Arbeit, Schule, Facebook, E-Mails, Chefs, Lehrer, der

Ärger zu Hause oder der Blechschaden am Auto werden «einfach weggeknipst», der Schalter wird umgelegt, der Kopf geleert, und er ist bereit, Neues aufzunehmen: das Taekwondo-Training. (Man kennt ja das Bild mit der vollen Tasse, in die nichts mehr hineingeht und überläuft ...) Und nach dem Training? Da wird der Taekwondo-Stress ausgeknipst! Kicks und Blocks, Stellungen und Formen, Freikampf- und Einschrittkampftechniken werden gewissermaßen weggewischt. Das Training ist vorbei und das normale Leben geht weiter. So wie wir Arbeit Arbeit sein lassen (sollten), Schule Schule sein lassen (sollten). Es scheint einfach. Meditation kann ein bisschen dabei helfen. Auch wenn Taekwondo eine wichtige Rolle im Leben spielen kann und auch sollte (durch all die sinnvollen Sachen wie Verbesserung der Gesundheit, die Selbstverteidigung oder die Steigerung der allgemeinen Fitness), ab und zu sollte man sich dessen bewusst werden, bewusst werden, dass Taekwondo nur ein Teil ist dessen, was man ist. Und vor allem: Man ist nicht Taekwondo. Selbst dann nicht, wenn man es unterrichtet. Taekwondo darf nicht zum Stress werden, so wie der Stress das Erlernen oder das Unterrichten des Taekwondo nicht beeinflussen sollte. Was in anderen asiatischen Kampfkunstarten zum festen Bestandteil des Trainings gehört, sollte auch wieder im Taekwondo verstärkt eingesetzt werden: die Meditation vor und nach dem eigentlichen Training. Der kleine Schalter kann einiges verändern!

Überall kann man es nachlesen! Ich frage mich nur, wer es zum ersten Mal aufgeschrieben hat? Kopiert haben es Tausende von Kampfsportlern: «Die Kata, die Hyeong, die Pumsae ist ein Kampf gegen einen oder mehrere imaginäre Gegner!» Dieser Satz hat sich so eingeprägt und wird immer wieder genutzt (bei aller Richtigkeit, will man eine Form kraftvoll und dynamisch vorführen), dass man – meine ich – eines immer wieder gerne vergisst: Die Formen sind ein Werkzeugkasten, sie sind eine «toolbox». Und darin befinden sich ganz unterschiedliche Instrumente: Hammer, Säge, Zange, Bohrer ... also: Kick, Schlag, Sprung, Block ...

Aber was nützt der am besten ausgestattete Werkzeugkasten, wenn man mit den Werkzeugen darin nicht umgehen kann?

Was nützt einem der schöne, glänzende Hammer aus Edelstahl, wenn man nicht weiß, wie man einen Nagel damit in die Wand bekommt? Was nützt der dynamisch, in akrobatischer Manier ausgeführte Sprungkick, wenn man nicht weiß, was er eigentlich und ursprünglich bewirken soll? Oder was ist mit dem kraftvollen Hadan oder Arae Makgi oder Gedan Barai? Ob in der ersten Hyeong oder ersten Pumsae oder ersten Kata, immer wieder wird den Schülern beigebracht: Es ist ein tiefer Block. Richtig! Und für was ist dieser tiefe Block gut? Man wehrt einen Fußtritt ab. Der Arae Makgi ist das Werkzeug zur Kickabwehr!

Aber kann man nicht auch mit einer Zange statt eines Hammers einen Nagel in die Wand schlagen? Muss man dafür wirklich nur den Hammer nutzen? Ist die Zange nur zum Nägelziehen gedacht? Muss ein tiefer Block, ein Arae Makgi immer nur ein Block sein? Oder kann man ihn nicht auch anders nutzen? Als Schlag zum Beispiel, nach einem kleinen «stepping» aus der Kampflinie heraus? Kann sich da nicht auch der Ansatz zu einem Wurf verbergen? Kann ein Sonnal Makgi, ein Sudo Daebi Makgi nicht auch als Hebel eingesetzt werden?

Erlernt werden Techniken (wenn es denn überhaupt gesondert angeboten wird) in Technik- oder Pumsae-/Hyeong-Trainingseinheiten, und da wird korrigiert und verbessert (da wird poliert und gesäubert), bis der Sonnal Makgi (bis die Zange) «perfekt» im Wettkampf vorgeführt werden kann (glänzend im Werkzeugkasten liegen kann). Das sieht gut aus! Das ist ästhetisch! Alles ist sauber und geordnet.

Taekwondo ist eine Kampfkunst, und das heißt: Die einzelnen Techniken sollen das Erreichen eines Ziels ermöglichen: zu kämpfen! Und zwar am besten erfolgreich. Im Ernstfall ging es in den Anfangszeiten des Taekwondo ums Überleben. Zum Erlernen der «Überlebenstechniken» wurden die Formen als Trainingselemente geschaffen. Die Einzeltechniken galt es zu beherrschen, sowie ihre Anwendungsmöglichkeiten; ausgekoppelt und variiert im Ilbo Daeryeon.

Oft werden diese ursprünglichen Ziele, das «Sein» des Taekwondo, «vergessen», gerne steht der «Schein» im Vordergrund. Auch das Schöne des Taekwondo hat seine Berechtigung und ein Pumsae-Wettkampf ist ein ästhetisch-sportliches Erlebnis. Nur wird allzu oft vergessen, dass man mit einem Arae Makgi eben weit mehr machen kann als «nur» eine schöne Bewegung! Die «martial art applications», die Anwendung der Einzeltechniken und die Vielzahl von Anwendungen der Einzeltechniken, sollten gelernt und gelehrt werden. Die Reduktion der Techniken auf ästhetische Bewegungen, die Reduktion der Techniken als singuläre Antworten auf singuläre Angriffe sollte wieder überwunden werden. Ein Block ist eben nicht immer nur ein Block!

Wer es ernst meint mit Taekwondo, der trainiert viel. Sehr viel, manchmal sogar zu viel. Aber wer richtig «gut aussehen» möchte, an einem Wettbewerbstag oder bei einer Prüfung oder ganz einfach bei einer Vorführung, der sollte auch ab und zu oder besser regelmäßig Pausen einlegen.

Nicht nur Restaurants oder Friseure haben ihren regelmäßigen Ruhetag bzw. halten ihr Geschäft an einem (Arbeits-)Tag in der Woche geschlossen. Auch ambitionierte Kampfkunstsportler sollten sich den «Rest Day», den Ruhetag, gönnen. Die Formel «Performance = Stress + Rest» trifft nicht nur auf Ausdauersportler zu. Man vermeidet durch den «Ruhetag» das gefürchtete Übertraining – so beugt der Ruhetag den kleineren Verletzungen vor, und auch das Immunsystem, das durch Übertraining angegriffen werden kann, bleibt stabil.

Wer einen stressigen Arbeits- oder Schulalltag hat, der kann sich sicherlich im Dojang ein wenig «erholen» oder er kann abschalten. Das ist gut so. Voraussetzung allerdings: Man trainiert dann nicht noch für ein sehr hoch gestecktes Ziel. Alltagsstress plus Trainingsstress kann schlichtweg ungesund sein.

Ruhetage sind wichtige Elemente innerhalb eines gut aufgebauten Trainingsplans und gehören wie andere Elemente in ein regelmäßiges, intelligent aufgebautes Training.

Wenn man es partout nicht lassen kann, sich mit Taekwondo zu beschäftigen, dann sollte man sich mindestens an einem Tag in der Woche nur mit der Theorie oder den Nachbardisziplinen beschäftigen, sofern sie kein sportliches Training beinhalten. Manchmal erfährt man durch das Studieren der Nachbardisziplinen (wie sie im *Taekwondo Textbook* aufgelistet sind) Wichtiges für das eigene Training, und allein schon durch die (trockene) Beschäftigung zum Beispiel mit der Physiologie oder Anatomie kann man sich im Taekwondo fortbilden.

Ruhetage sind aber nicht nur wichtige Elemente für Taekwondo-Studierende. Auch auf Taekwondo-Lehrer trifft die Formel «Performance = Stress + Rest» sicher zu. Kleine Auszeiten vom «Training-Geben» motivieren und machen den Kopf frei für neue Elemente. Wie Restaurants oder Frisöre sollte man sich den «Rest Day» gönnen. Das kommt nicht nur den Lehrern selbst zugute, auch die Schüler profitieren von einem ausgeruhten und fitten Lehrer.

«Ich seh dir in die Augen, Kleines!»

Wer kennt sie nicht, diese legendären Worte aus *Casablanca*? Dieser Satz (im Original: «Here's looking at you, kid.») gehört zu den bekanntesten Zitaten der Filmgeschichte überhaupt. Der Film von Michael Curtiz ist mittlerweile schon siebzig Jahre alt (und ist somit älter als das moderne Taekwondo). Wenn Humphrey Bogart (als Rick Blaine) Ingrid Bergmann (als Ilsa Lund) in die Augen schaut (und dies auch noch mit Worten betont), dann ist dies ein Ausdruck großer Emotion, großer Verbundenheit.

Auch im Taekwondo soll man sich ja (ständig) in die Augen schauen. Aber dies geschieht sicherlich nicht aus großen Emotionen heraus. Dieser Blick im Taekwondo, dieses Dem-Partner/Gegner-in-die-Augen-Schauen hat andere Bedeutungen. Einerseits – im Kampf oder beim One-Step-Sparring – hat der Blick in die Augen taktische, andererseits aber auch strategische Gründe. Taktische insofern, als dass man seinen Partner/Gegner regelrecht beeindrucken kann. Mit einem starken Blick signalisiert man ein starkes Ich und – wenn es gelingt – schüchtert man den Partner/Gegner sogar ein wenig ein, bringt ihn aus dem Konzept. Also etwas ganz anderes als ein «Ich seh dir in die Augen, Kleines!»

Strategisch betrachtet, ist der Blick in die Augen beim Taekwondo ein Instrument, den Partner/Gegner im Wortsinn im Blick zu behalten. Was macht er, wie bewegt er sich, setzt er zu einem Kick oder Schlag an, täuscht er eine Finte an ... Der Blick in Richtung Kopf/Augen eröffnet einem ein umfassendes Blickfeld. Anders ausgedrückt: Versuchen Sie einmal einen Schlagansatz zu erkennen, wenn Sie Richtung Boden oder Bauch des Partners/Gegners schauen. Trainiert und geübt wird dieser Blick, sei es der taktische oder der strategische, beim Ausführen der Formen! Aber es gibt noch mehr.

Ist der Blick in die Augen beim Kampf eine Notwendigkeit, kann er bei der formellen Begrüßung «Gyeongnye» dagegen als

Affront gelten und zum Beispiel bei Koreanern als sehr unhöflich eingeschätzt werden. Stehen sich Meister und Schüler in Charyeot gegenüber und begrüßen sich mit Annyeong Hasimnikka oder bedankt man sich am Ende des Trainings mit «Gamsahamnida», verbeugt man sich respektvoll voreinander (den Rücken im 90°-Winkel gebeugt!). Der Blick zuvor in die Augen allerdings sollte vermieden werden. Ganz anders als in unserer Kultur, wo es eher als unhöflich eingeschätzt wird, blickt man sich beim Händeschütteln oder bei der formlosen Begrüßung nicht in die Augen.

«Ich seh dir in die Augen, Kleines!», pardon – eben genau dieses nicht –, also die korrekte Begrüßung – das «Gyeongnye» – im Taekwondo gehört zu den «Essentials» in dieser Kampfkunst. Genauso wie das korrekte Jeongjoa, Charyeot, Baro oder Swieo. Beherrscht man diese formalen Aspekte, kann das sportliche Training beginnen.

Wenn Sie Zeit haben, dann schauen Sie sich doch noch einmal den Film *The Last Samurai* an. Ich nehme einfach an, dass Sie den Film kennen. Aber erinnern Sie sich an die Teezeremonie? Diese Annäherung der beiden Todfeinde durch das Ritual der Zeremonie? Wenn nicht, dann schauen Sie sich diese Szene noch einmal an. Jeder Handgriff, jede Bewegung «sitzt» – vom Aufheben des Pinsels bis zum Reichen der Teeschale –, alles läuft perfekt und nach einem ganz bestimmten Muster ab. Der Japaner hat Routine darin entwickelt, dem Ritual der Teezubereitung zu folgen. Routine! Hierzulande schwingt etwas wie Langeweile in dem Wort mit; es klingt nach Unaufgeregtheit, aber auch Automatismus. Sozusagen nach etwas, was man «mit links macht».

Ein Fachbegriff ist das Wort «Routine» allerdings in der Zauberei. Dort werden die Tricks, die Täuschungen, die die Zuschauer erleben, als Routinen bezeichnet. Also als Abläufe, die so gut einstudiert sind, dass der Zuschauer in Illusionen gefangen ist. Immer und immer wieder hat der Zauberer, der Routinier der Illusion, seine Handgriffe geübt und geübt, hat wie der Teemeister alle Bewegungen studiert und kann sie entsprechend ausführen.

Wer hat nicht einmal schon bei einer Taekwondo-Vorführung bewundert, wie sich, wie an unsichtbaren Fäden gezogen, zehn oder zwanzig Sportler synchron im Rhythmus einer Pumsae oder Hyeong bewegen, wie in einem Ilbo Daeryeon der «gegnerische Partner» so schnell auf seinem Hinterteil landet, dass man gar nicht mitbekommen konnte, wie das Ganze sich vollzogen hat. Das Zauberwort ist Routine! Auch wenn Taekwondo sicher keine Zauberei ist, so ist es aber sicherlich das Ergebnis beständigen Trainings und Übens und Wiederholens. Bis eben ... ja, richtig, die Routine aufgebaut ist. In älteren Taekwondo-Publikationen findet man manchmal Hinweise dazu: Dort heißt es, dass man eine Form mindestens 300 Mal geübt haben sollte, bevor man sich mit der nächsthöheren Form beschäftigt. Mit anderen Worten: Es ist das tägliche Üben! Die Zauberer arbeiten so, die Teemeister arbeiten so, aber auch alle anderen, die eine bestimmte Fertigkeit erreichen wollen. Ob Koch oder Schreiner, ob Rechtsanwalt oder Mediziner. Wer macht seine Sache am besten? Der, der dreihundert verschiedene Dinge macht oder der, der nur eine Sache dreihundert Mal macht? Wer daran denkt, für den wird auch die tägliche Taekwondo-Routine nie langweilig und nie zu etwas, was man eben mal «mit links» erledigt.

«Auf Weihnachten wünschte ich eine Ratte mir» – so beginnt Günter Grass seinen weltberühmten Roman *Die Rättin*, der 1982 erschienen ist. Weihnachten! Dass man sich Ratten zu Weihnachten wünschte, ist schon eine längere Zeit her. Man erinnere sich: Neben Grass' sonderbarem Wunsch gab es da noch die Punker, die gerne mit diesen Nagetieren auf der Schulter in den Städten zu sehen waren. Ob da damals bei den Punkerkids auch Ratten auf dem Wunschzettel standen? Wer weiß? Und heute? Sonderbare Wünsche sind wohl eher selten geworden. Vielmehr lässt sich der Wunschzettel aus den Angeboten der großen Elektronikhäuser zusammenstellen. Die Hersteller haben sich bemüht, rechtzeitig zum Weihnachtsfest die neuesten Modelle der Smartphones und Tablets in die Läden zu bekommen. Man weckt Neugierde und Begehrlichkeit und schon ist der Absatz gesichert. Viele wollen heute mit der neuesten Kommunikationselektronik ausgestattet sein. Keine Ratten mehr – online sein ist Pflicht! Auch an Weihnachten! Aber wie wäre es denn mal wieder mit einem ausgefallenen Wunsch? Es muss ja nicht gleich eine Ratte sein.

Wie wäre es zum Beispiel mit einem Apchagi zu Weihnachten? Oder einem Bandae Dollyeochagi? «Lieber Papa, liebe Mama, zu Weihnachten wünsche ich mir von euch einen Dollyeochagi.» Das wäre doch mal ein Wunsch! Probiert es doch mal aus! Schreibt es auf euren Wunschzettel! Ich meine das durchaus ernst. Zwar kann keiner wirklich einen Dollyeochagi verschenken, aber dahinter steckt ja auch etwas anderes, nämlich: «Ich wünsche mir, dass ihr mit mir trainiert.» «Trainiert mit mir den Dollyeochagi (oder welche Technik auch immer).» Papa oder Mama müssen ja nicht unbedingt Taekwondo-Trainer sein, aber eine Pratze für einen Dollyeochagi halten oder ein Polster, um Stepping mit anschließender Hand- oder Fußtechnik zu üben, das kann eigentlich jeder. Ach ja, du hast noch keine eigene Pratze, kein eigenes Schlagpolster? Die könnten ja auch auf den Wunschzettel kommen. Dazu noch (als «Geheimtipp») ein Springseil. Kaum ein anderes einfaches Sportgerät bringt so viel Nutzen für den Körper, für Fitness und Konzentration wie ein Springseil!

Und was für Kinder gelten mag, das kann auch bei den Erwachsenen seine Entsprechung finden. Warum sollte man sich nicht einmal von seinem (Ehe-)Partner einen Ap- oder Dollyeochagi zu Weihnachten wünschen oder sich einfach gegenseitig «ein bisschen Taekwondo» schenken? Es wäre mal etwas anderes als das neueste Smartphone oder das x-te Parfüm. Was auch immer auf eurem/Ihrem Wunschzettel stehen mag ... Frohe Weihnachten!

Ach, die guten Vorsätze ...

Der Januar ist schon ein spannender Monat. Draußen ist es meist kalt und nass, es liegt vielerorts jede Menge Schnee, die (Um-)Welt hat sich in den Winterschlaf zurückgezogen – so scheint es. Vieles ist regungslos, liegt im Winterschlaf, verharrt in Winterstarre. Aber das ist sicher nicht überall so. Auf Ihrem Bankkonto zum Beispiel ist im Januar so viel Bewegung wie noch nie. Versicherungen – von Kfz bis Hausrat – oder Energieversorger und so weiter bedienen sich an Ihrem Konto, die Jahresprämien sind fällig – zumindest ist es bei mir so.

Bewegung gibt es Anfang Januar auch in den Köpfen vieler Mitmenschen. Aber oft und meist nur dort. Ach, was hat man sich zum Jahreswechsel, in der Silvesternacht, so alles vorgenommen. Angefangen beim Sparen – das bewegte Bankkonto lässt grüßen – bis hin zur tatsächlichen Bewegung, der körperlichen: «Dieses Jahr mache ich Ernst: Dieses Jahr werde ich die Prüfung zum gelben Gürtel absolvieren! Dieses Jahr werde ich endlich mal bei der Pumsae-Meisterschaft mitmachen! Dieses Jahr will ich unbedingt an dem Seminar des Großmeisters teilnehmen!»

So viele gute Vorsätze! Im Januar, zu Beginn des Monats, sind sie noch stark ausgeprägt, ein paar Wochen später schon weniger, im Frühjahr schon wieder halb vergessen ... Es wird Sommer und anderes kommt dazwischen ... Und schon ist das Jahr vergangen und es ist wieder Januar und das Spiel beginnt von vorne. Dass so etwas bei «normalen» Vorsätzen wie «Geld sparen», «abnehmen», «endlich Sport treiben» bei den «normalen» Menschen oft oder meist der Fall ist, das ist nur natürlich. Aber dass so etwas uns Taekwondo-Treibenden passiert? Das dürfte eigentlich gar nicht der Fall sein, haben wir doch die «Fünf Lehren» des Taekwondo verinnerlicht! Oder etwa doch nicht? Was ist mit Anstand und Rechtschaffenheit, und vor allem: Wie steht es um Durchhaltevermögen, Beherrschtheit und Unbeugsamkeit? Hat man diese Lehren, diese Maximen des Taekwondo wirklich verinnerlicht, sollten einem eigentlich die guten Vorsätze recht leichtfallen.

Diese «Fünf Lehren», die uns Taekwondo-Gründervater General Choi mit ins «Pflichtenheft» geschrieben hat, sollten oder können uns durchaus als Orientierung dienen. Nicht nur, wenn es um die guten Vorsätze fürs neue Jahr geht. Ganz allgemein können wir uns dies tagtäglich bewusst machen, wenn wir daran denken, ins Training gehen zu wollen, und dies dann auch umsetzen. Wir können daran denken, wenn wir im Training sind und die eine oder andere Übung sich in der Ausführung ein bisschen schwieriger gestaltet als gedacht. Wir können daran denken, wenn wir wieder auf dem Nachhauseweg sind und uns bewusst wird, was wir geleistet haben. Trotz der anfänglichen Unlust, überhaupt ins Training zu gehen, trotz der etwas schwierigeren Übungen ...

Und wenn wir dann weiterdenken ... Wie war das mit den guten Vorsätzen? Mit dem Besuch des Lehrgangs? Mit der Prüfung zum nächsten Gürtel? Mit der Teilnahme an der Meisterschaft?

Machen Sie es wie die Energieversorger oder Versicherungen mit den Bankkonten der Kunden! Geben Sie sich selbst einen Dauerauftrag oder eine Einzugsermächtigung für Ihre Bewegung, für Ihr Training, Ihre Vorsätze und Ziele! Nehmen Sie die fünf Lehren und setzen Sie sie um, lassen Sie sie über den Januar triumphieren!

Taekwondo ist die koreanische Art der Kunst des Tötens. Das mag sicher für einige wie eine Provokation klingen, beeindruckend belegt ist dies aber schon allein durch verschiedene dokumentierte Vorkommnisse während des Vietnamkrieges – denkt man nur an die Aktionen der Einheit der «Blue Dragons», die immer wieder in den unterschiedlichsten Publikationen erwähnt werden.

Üben wir, welche «Spielart» des Taekwondo auch immer betrieben wird, eine Tötungskunst aus? Gibt es Millionen potenzieller Taekwondo-Killer auf diesem Planeten? Das ist selbstverständlich eine reine Provokation! Natürlich ist nicht jeder, der sich mit der Kunst des Tötens beschäftigt, auch zwangsläufig ein potenzieller Killer. Aber, und da liegt das Geheimnis des Taekwondo, so wie ich es verstehe: Wer die Kunst des Tötens studiert, der beschäftigt sich automatisch mit der Kunst des Lebens. Darin liegt ein ganz besonderer Reiz, vielleicht auch die Aufgabe, der «thrill» beim Taekwondo heutzutage – so wie es heute betrieben wird.

Aus einer militärischen Disziplin heraus entwickelt, gibt Taekwondo heute allen, die sich mit Taekwondo beschäftigen, die Chance, sich mit ihrem eigenen Leben zu beschäftigen. Einmal durch die körperliche Aktivität: Beim «workout», der zu jedem Technik-Training gehört, gerät man ins Schwitzen, welches den Körper von innen durch steigende Körpertemperatur reinigt; das Reaktionsvermögen wird durch schnelles Partner- und Pratzen-Training gesteigert, die Kraft (der Beine???) durch Sprünge erhöht, die Ausdauer durch die ständigen Wiederholungen. Dem eigenen Leben, der Lebensqualität durch einen gesunden, austrainierten Körper wird mehr Aufmerksamkeit geschenkt. Und dann sind da die Bewegungen, die eigentlich zum Töten von Gegnern gedacht waren. Überlegen Sie einmal, wie viele Handkantenschläge (im Ernstfall würden diese am Hals des Gegners einen verheerenden Schaden anrichten), wie viele ungezählte Tritte (mit denen man – nach einigem Training – in der Lage ist, Bretter zu brechen) Sie in Ihrer Taekwondo-Karriere ausgeführt haben. Diese Tritte und Schläge können am Körper eines Gegners innere Organe verletzen und zum Tod führen. Wer lange genug Taekwondo trainiert, ist körperlich-technisch in der Lage, Menschen zu töten. Haben nicht viele von uns doch das erlernt, was die Soldaten, die Krieger früher zum Selbstschutz vor Angriffen, für den Schutz ihres Landes erlernt haben? Wird man sich dessen bewusst, kann man darüber nachdenken, was die Beschäftigung mit einer Tötungskunst für das eigene Leben bedeuten kann. Manchmal liest man, dass das Training von Taekwondo, das Erlernen einer Kampfkunst, die Beschäftigung mit dem Budo, aus einem «normalen» Menschen einen «besseren» Menschen machen kann. Vielleicht ist ja etwas Wahres dran, überlegt man sich (ganz für sich alleine), was man da erlernt, zu was es dienen kann und zu was man es nie einsetzen wird. Es sei denn im Notfall – als Selbstverteidigung.

Dieser Satz, den Sie jetzt lesen, ist in deutscher Sprache geschrieben. Das Nachfolgende ist ebenfalls in deutscher Sprache geschrieben: «Ich saz ûf eime steine, und dahte bein mit beine; dar ûf satzt ich den ellenbogen; ich hete in mîne hant gesmogen daz kinne und ein mîn wange. dô dâhte ich mir vil ange, wie man zer werlte solte leben.» Dieses Gedicht stammt von Walther von der Vogelweide und wurde im Mittelalter verfasst. Ob der erste Satz dieses Artikels oder die Sätze von Walther von der Vogelweide, es sind Sätze in deutscher Sprache, einer Sprache, die über die Jahrhunderte Entwicklungen durchgemacht, Veränderungen erlebt hat und auch in unterschiedlichen Dialekten heute weiterlebt.

Taekwondo hat ebenfalls Entwicklungen und Veränderungen erlebt: ursprünglich von der reinen Kampfkunst und Lebensphilosophie hin zum Ausbildungsprogramm für die Armee.

Heute ist es eine wettkampfbetonte Sportart, (immer noch) Kampfkunst, aber auch Fitnesstraining für beide Geschlechter, gleichgültig welchen Alters. Welch eine Entwicklung! Verschiedene Stile haben sich über die Zeit herausgearbeitet, kampf(kunst)-betonte, fitnessbetonte, sportbetonte ... Und doch ist Taekwondo immer noch Taekwondo und hat sich gewissermaßen und im übertragenen Sinn vom Mittelalter ins Moderne, ins Zeitgenössische gewandelt.

Einzelne Techniken haben sich neu entwickelt, Formen wurden neu komponiert und neu benannt, Bezeichnungen wurden ausgetauscht und wandelten sich – wie in einer Sprache, in der sich einzelne Wörter über die Zeit hin verändern.

Ob heute Haus oder (vor-)gestern «hûs», ob Hadan Makgi oder Arae Makgi, gemeint ist (in erster Bedeutung) dasselbe. Einmal das Gebäude, einmal der tiefe Abwärtsblock (auch wenn die Ausführung, das Ausholen (beim Block) je nach «Sprache» verschieden sein mag).

Warum ich dies hier alles so schreibe …? Vor einiger Zeit erreichte mich ein E-Mail einer jungen Frau, die von A nach B innerhalb unserer Republik einige Hundert Kilometer umgezogen war, und, bedingt eben durch den Umzug und das Taekwondo-Angebot in der neuen Stadt, von einem Taekwondo-Stil zu einem anderen wechseln wollte. Obgleich im obersten Geup-Bereich graduiert, sollte sie wieder mit dem 10. Geup, gewissermaßen bei null, beginnen. Sie probierte ihr Glück bei einem weiteren Taekwondo-Anbieter, musste dort ebenso bei null starten und hatte später bei ersten Prüfungszulassungen immer wieder das Nachsehen (ureigene Schüler, d. h. die, welche «den Dialekt von Anfang an sprachen», kamen schneller voran) … Das Ende vom Lied: Die junge Frau hat schließlich mit Taekwondo aufgehört.

Wenn man so will und dies auf die Sprache übertragen wollte: Sie kam aus Bayern und zog nach Norddeutschland und verstummte, nur weil sie den entsprechenden Dialekt nicht schnell genug beherrschen konnte. Ich meine, man sollte sich lieber auf das Gemeinsame besinnen, auf die Wurzeln, den Fortbestand und die Weiterentwicklung. Stellen Sie sich vor, Sie kommen aus Norddeutschland und dürften nicht in Bayern leben oder Urlaub machen, nur weil Sie «Schrippe» statt «Semmel» sagen …

Zweieinhalb Stunden Training wohlgemerkt. Aber was hatten wir gemacht in diesen zweieinhalb Stunden? Drei Techniken! Nur drei Techniken! Das scheint sehr wenig auf einen ersten Blick, aber es war eines der effektivsten und effizientesten Trainings überhaupt. Und alle, die dabei waren – das muss angemerkt sein – waren fortgeschrittene Schüler und Dantråger! Alle «konnten» ihren Arae Makgi, ihren Eolgul Makgi und ihren Momtong An Makgi. Dachte man zu Beginn des Trainings. Aber analysierte man alle Einzelheiten vom Ausholen der Bewegung über die Unterarm- und Handrotation bis hin zur Endstellung, da merkte man schnell, dass zur «perfekten» Bewegung überall und bei jedem das eine oder andere Element verbessert werden konnte.

Es war sicherlich ein Ausnahmetraining, und im Trainingsalltag lässt sich so etwas sicherlich weniger praktizieren. Die Schüler wollen Abwechslung, wollen alle Bewegungen in schnellen Kombinationen rasch erlernen, wollen mit ihrem Körper den dynamischen Prozess des Taekwondo schnell aufnehmen und vor allem schnell «irgendwie» wiedergeben können, wollen sich in ihrer eigenen Performance à la Jackie Chan bestätigt sehen.

Das war einmal anders, erzählt mir einer der ersten Stunde aus Korea. Da wurde themenbezogen trainiert. Da gab es Trainingseinheiten – über viele Stunden! –, in denen nur eine einzige Bewegung viele hundert Mal trainiert wurde, und dies über Tage hinweg, bis der Ablauf dieser einzigen Technik stimmte und passte.

Dass uns, die wir nur diese drei Techniken über nur zweieinhalb Stunden, immer und immer wieder wiederholt haben und versucht haben, diese zu verbessern, der Muskelkater am Folgetag im Schulterbereich einholte, mag nicht verwundern. Aber wie muss es einem gehen, wenn man immer wieder nur ein und dieselbe Technik über Tage übt? Vergangene Zeit – bessere

Zeit? Ich glaube das nun weniger, aber vielleicht kann dieser Hinweis auf alte Trainingsmethoden das eigene Training dennoch bereichern. Vielleicht – wenn es der Zeitplan erlaubt – sollte man es einmal ausprobieren: ein monothematisches Training. Als Extra-Training, als Zusatz zum herkömmlichen Trainingsalltag und -plan. Ob man sich nur auf einen einzigen Block oder Angriff beschränkt oder ob man wie oben beschrieben drei Blocktechniken anbietet, das gilt es wirklich auszuprobieren. Wie reagieren die Schüler? Gelangweilt? Fasziniert? Wer ein solches Training einmal mitgemacht hat, dem wird eines aber sicherlich bewusst: die Komplexität der kompletten Bewegung – auch wenn es sich «nur» um einen «einfachen» Arae Makgi handeln sollte. Wer sich darauf einlässt, den Arae Makgi in seiner Totalität zu erfassen, der wird schnell merken, dass da nicht nur ein Arm von oben nach unten in einer Kreisbahn bewegt wird.

Irgendwo habe ich einen Spruch gelesen: Wer ist wirklich gut in etwas? Der, der tausend Sachen ein Mal macht, oder der, der eine Sache tausend Mal macht? Die theoretische Antwort darauf scheint einfach. Setzen wir es im Training einfach mal um.

«Der Weg ist dort, wo die Angst ist.»

Diesen Satz lese ich bei *Spiegel online* in einem Interview mit Alexander Huber, einem der beiden «Huberbuam», einem der besten Extremkletterer der Welt sicherlich. Zusammen mit seinem Bruder hat er vor Kurzem in der kanadischen Arktis auf Baffin Island den Mount Asgard, eine 800 Meter hohe, steile Bergwand, erklettert. Neben einigen anderen Themen ging es in dem Interview um die Angst als wichtiger Faktor beim Klettern in den Bergen. Die Angst, die einen warnt, die einem signalisiert, umzudrehen. Und weiter ist zu lesen: «Der Fehler liegt meist darin, dass man dem, was einem Angst macht, aus dem Weg geht. Man sollte der Angst ins Auge schauen. Und wenn man den Dingen auf den Grund geht, wird sich irgendwann die richtige Lösung zum Problem finden. Man könnte auch sehr philosophisch sagen: Der Weg ist dort, wo die Angst ist.»

Angst erlebe ich auch immer wieder im Taekwondo bei Prüfungen! Sicherlich, es ist nicht die Angst, in einen echten Abgrund zu stürzen und das Leben zu verlieren, aber ein gewisses Maß an Angst ist oftmals zu spüren. Eine über das «normale» Lampenfieber hinausgehende Angst, zum Beispiel, vor anderen Schülern (oder auch bei Vorführungen) eine Pumsae auszuführen. Besonders ist dies aber der Fall beim Bruchtest: Hier besteht ja tatsächlich die Möglichkeit, sich bei falscher Technik oder ungenügender Konzentration zu verletzen. Dies erlebe ich immer wieder: «Das schaff ich nie!», «Das Brett ist bestimmt sehr hart!», «Muss ich wirklich einen Bruchtest machen?»

Manchmal erlebe ich, dass diese Angst tatsächlich dazu führt, dass der Bruchtest scheitert. Die eigene Konditionierung («Das schaffe ich nie»), die Vorstellung der Möglichkeit des Sich-verletzen-Könnens führt manchmal dazu, dass die Technik nicht schnell genug, unsauber und zögerlich ausgeführt wird; der Gihap wird dabei dabei einfach «vergessen».

«Der Weg ist dort, wo die Angst ist.» Manchmal wirkt ein einfaches Holzbrett wie eine 800 Meter hohe, steile Bergwand.

Ich erinnere mich besonders an eine Prüfungssituation, in der alles «wie am Schnürchen» ablief. Doch dann kam es zum Abschluss, zum Bruchtest! Noch vor der Prüfung hatte ich mit der Kandidatin den Bruchtest gedanklich «geübt»: Sie hatte Angst, sie schaffe es nicht, ich erläuterte ihr die physikalische Formel, sodass sie sich – bei ihrer guten Technik – nur auf die Geschwindigkeit konzentrieren müsse. Statt ihr die Angst – wie auch immer – zu nehmen, erklärte ich einen physikalischen Vorgang. Ich versachlichte das Thema, ohne auf die wirkliche innere Haltung einzugehen. Ging also der nicht gelungene Bruchtest gewissermaßen auf mein Konto? Kann man gegen eine «self-fulfilling prophecy», eine sich selbst erfüllende Prophezeiung überhaupt angehen? Kann der Glaube an die eigene Vorhersage «Bei diesem Bruchtest werde ich versagen» ausgelöscht werden, sodass es nicht entsprechend der Vorhersage zum Scheitern kommen muss?

«Der Fehler liegt meist darin, dass man dem, was einem Angst macht, aus dem Weg geht. Man sollte der Angst ins Auge schauen.» Allerdings gehören Bruchtests zu den Trainingselementen, die wenig bis nie geübt werden. Angst vor dem Bruchtest, ein Problem nicht nur für Schüler ...

Ach ja ... bei der nächsten Prüfung hat der Bruchtest geklappt!

Meister oder Techniker?

Ich wohne in einem kleinen Ortsteil einer nicht allzu kleinen Gemeinde am Rand einer kleineren Großstadt. Und wie überall hat auch dieser Ort seinen Sportverein. Und wie überall – wahrscheinlich – mit den Schwerpunkten Turnen und Fußball. Kampfsport wird auch angeboten, aber, wie meist, eher bescheidener. Ich wohne in dem Ort, habe zwar meine «connections», aber ich bin kein Ureinwohner. Will sagen: Ich kenne nicht jeden. Aber die wenige Kenntnis reicht aus, um zu sagen, dass jede Menge Schwarzgurte in dem Ort wohnen. Ein gutes Dutzend bestimmt, Schwarzgurte ganz unterschiedlicher Disziplinen.

Ich arbeite in einem Unternehmen, das etwas mehr als fünfhundert Mitarbeiter beschäftigt. Allein hier weiß ich von fünf oder sechs Danträgern.

Wenn ich nun meinen Taekwondo-Bekanntenkreis einfach mal wegdenke (da gibt es natürlich jede Menge schwarz gegurtete Männer und Frauen), da fällt mir doch eine gewisse Dichte auf: Es gibt Danträger in Hülle und Fülle. Meister, wo man nur hinschaut, und manche geben sich auch wie solche: Ob es junge Supersportler sind, Bewegungstalente, oder ältere, denen man ein gewisse Weisheit zutrauen sollte. Aber längst nicht jeder Schwarzgurtträger ist auch gleich tatsächlich ein Meister – und das oftmals unabhängig vom Dangrad. Schauen Sie sich selbst mal um! Wie viele Schwarzgurte kennen Sie? Meister, allesamt? Sicher, einige sind zweifelsfrei sehr gut in ihrem Sport, haben vielleicht die ein oder andere Platzierung in Wettkämpfen erreicht, wurden sogar Turniersieger, also «Meister». Viele von denen sind aber gerade mal Meister in Tae und Kwon. Aber was ist mit dem Do? Sie kennen sich aus in ihren Handtechniken, in ihren Fußtritten und werden Meister – aber sind sie es auch?

In Ausdauer- oder Extremsportarten, ob im Triathlon – wie dem Ironman – oder den Wettkämpfen der Ultraläufer, heißt es immer: «Der Kampf findet im Kopf statt», es sei das mentale

Training, die mentale Überlegenheit, die letztendlich dafür verantwortlich sei, ob einer einen solchen Wettkampf gewinnen kann. Es sei der Kampf gegen sich selbst, es sei dieses «Über-sich-Hinausgehen». Dieses sei der Weg, den erfolgreiche Ausdauersportler beschreiten. Triathlon-Do? Die Landessportverbände bieten vielerorts Lehrgänge zum mentalen Training an, unzählige Bücher gibt es zum Thema, und dennoch: Im Trainingsalltag, ob bei den Ausdauerathleten oder auch bei den Taekwondo-Sportlern, bleibt dieses mentale Training weitgehend auf der Strecke. Dabei ist doch der Kampf «gegen sich selbst», «gegen den imaginären Gegner» in der Pumsae, nichts anderes – neben den technischen Fertigkeiten – als eine mentale Auseinandersetzung. Es ist das Do (zumindest ein Teil davon), der den Techniker zum Meister macht.

Schauen Sie sich noch einmal um in Ihrem Ort und Ihrem Betrieb oder wo auch immer. Wie viele Schwarzgurte kennen Sie? Sind es Meister oder Techniker? Und vielleicht entdecken Sie ja auch einige Meister, die ganz ohne schwarzen Gürtel auskommen. Das könnten vielleicht sogar Schüler sein, deren technische Fähigkeiten noch nicht ausgereift sind, aber die das Verhalten, das Auftreten und die Bescheidenheit eines Meisters längst erreicht haben – und das ganz ohne den ach so angestrebten und begehrten schwarzen Gürtel. Einige von denen, die Sie sicherlich entdecken werden, werden noch nicht einmal Kampfkünstler sein.

Angelehnt an Filmregisseur und Schauspieler Woody Allen folgender Satz: «Was Sie immer schon über Großmeister dachten, es könnte zutreffend sein!» Vor Kurzem konnte ich an einem Seminar teilnehmen, das von einem der ganz Großen, einem der Meister der alten Garde geleitet wurde. Zwei Tage lang wurde viel interessantes, viel theoretisches (Hintergrund-)Wissen vermittelt. Es war ein echter Lehrgang, themenbezogen, Schwerpunkte beinhaltend und nicht wie schon (zu) oft erlebt, ein «normales» Training, das einfach von einem «Großmeister» geleitet wurde. Hier wurde während der beiden Seminartage Taekwondo vermittelt, das sich auf einfache Grundprinzipien zwar reduzieren lässt, auf die allerdings in der Praxis aufgebaut werden kann.

Wen überrascht es da, wenn dort dem Element der Meditation, der Atmung, ob sitzend oder in Bewegung, ein ganz besonderes Augenmerk zukam? Zwanzig Minuten Kinhin und eine Stunde Zazen, also Meditation im Gehen und im Sitzen, stehen zweimal täglich auf dem Tagesprogramm des Großmeisters; und das als geistige Voraussetzung, als Basis zum eigentlichen Taekwondo(-Training). Zweimal 80 Minuten allein für Meditation! Eigentlich müsste hier jetzt zu lesen sein: «Wer kann sich das leisten?» – und schon steht es da! Zweimal 80 Minuten allein für Meditation! Das sind knapp drei Stunden. In einem normalen Schul-, Universitäts- oder Arbeitsalltag stellt dies eine zeitliche Größe da, die kaum zu bewältigen scheint. Wem steht diese «Zeitmenge» tatsächlich zur Verfügung? Nur Großmeistern? Aber eigentlich doch wohl jedem. Auch dann, wenn man einem ganz normalen Beruf nachgeht. Wenn man ein bisschen früher aufsteht, ein bisschen später zu Bett geht, ein bisschen weniger Fernsehen schaut ... Zweimal 80 Minuten täglich sind schon irgendwie «unterzubringen». Zumindest theoretisch.

Dies in den Alltag zu integrieren stellt sich jedoch als gar nicht so einfach heraus, eine echte Herausforderung an das eigene Zeitmanagement. Aber: Könnten es nicht auch kleinere Einheiten sein, kürzere? Könnte man nicht versuchen, die Elemente Kinhin und/oder Zazen in normale Alltagssituationen zu integrieren? Da das Augenmerk auf der Atmung liegt, in der man Ruhe und Konzentration findet (und in der man «mentales Taekwondo» betreiben kann), sollte man dies doch beim Warten auf Bus oder Bahn durchaus einbauen können. Wie sieht es aus mit Leerphasen im Büroalltag? Ist da nicht ein kleines Fenster, um ein wenig Zazen zu praktizieren? Und sei es normal sitzend auf dem Bürostuhl? Wie sieht es mit der Mittagspause aus? Kinhin auf dem Werksgelände? Oder später auf dem Heimweg, wenn dieser zu Fuß zu bewältigen ist? Wenn man ein bisschen nachdenkt, findet man viele kleine Zeitfenster, die es einem ermöglichen sollten, Meditation, bewusste Atmung, mentales Taekwondo zu praktizieren.

Kaum einer, der Taekwondo als Sport, als Freizeitbeschäftigung betreibt, hat die Freiheiten eines «Vollzeit-Großmeisters». Dennoch ist man irgendwie stets bemüht, es den Großen gleichtun zu wollen, ihre Erfahrungen auf dem Weg selbst zu erleben. Ein kleiner Schritt dahin könnte sein, «kleinere Brötchen zu backen», aber dies dann in einer gewissen Kontinuität, um ein wenig vom dem zu erfahren, worin das Do der Meister liegt.

Nein, es geht nicht um die Schweinegrippe; und: Nein, es geht nicht um Computerviren. Es geht um Taekwondo-Viren. Wir alle wissen, wie zerstörerisch Viren sich auf unsere Computer auswirken können und wie wichtig es ist, dass man einen Virenschutz installiert hat. Die meisten haben ja auch solch ein Programm eingerichtet. Aber wie sieht es mit unserem Kopf aus, mit unserem Denken? Haben wir da auch einen Virenscanner eingebaut? Wir können nicht vorsichtig genug sein, wenn es darum geht, zu erkennen, was man und wie man denkt, welche Auswirkungen unsere eigenen Gedanken auf unser gesamtes Befinden haben können. Negative Gedanken können psychische Probleme wie Depressionen, Verlust von Selbstwertgefühl und sicher eine ganze Reihe von anderen Beschwerden hervorrufen; die Wissenschaft berichtet ja immer wieder mal darüber und zeigt auf, dass es diesen Zusammenhang zwischen körperlichem und seelischem Wohlbefinden gibt

Und dies gilt auch für das Training des Taekwondo! Das mag jetzt selbstverständlich erscheinen, aber denken Sie einmal kurz nach. Wie war das bei dem letzten Fersendrehschlag, den Sie vor der Klasse zeigen mussten, oder als der Trainer Sie aufrief, die neue Form vorzuführen ...? Da sitzt man mit seinen Mitstreitern am Rand des Dojangs, die ersten haben ihre Form bereits gezeigt, und man denkt: Bitte heute nicht ich! Kennen Sie das?

Allein dieses kleine Selbstgespräch «Bitte heute nicht ich!» kann dazu führen, dass man tatsächlich Fehler in die Form hineinbaut, dass sie schlichtweg misslingt. Und dabei kann man sie doch! Ein Virus hat Sie erfasst, im Selbstgespräch geäußert und dann – als Resultat – im tatsächlichen Ausführen der Form manifestiert.

Nur, wie soll man sich gegen diese Gedanken, gegen diese Viren schützen? Damit eben solche körperlichen Auswirkungen, bedingt durch unser Denken, ausbleiben? Die Antwort könnte sein: «Denken Sie bewusst!» Werden Sie sich bewusst, dass ein negativer Taekwondo-Virus versucht Sie zu infizieren.

Erkennen Sie, wenn Sie solch eine Art negativen Selbstgesprächs führen. Trainieren Sie dieses Erkennen! Sobald Sie erkennen, dass sich negative Gedanken einschleichen, ist es Zeit, diese zu stoppen.

«His smile can win even the hearts of little children; his anger can make a tiger crouch in fear.»

Diesen Satz lese ich in *Karate-Do Nyumon* von Gichin Funakoshi, dem Begründer des modernen Shotokan-Karate.

Ja, auch als Taekwondo-Treibender lese ich Bücher, die über das Feld des Taekwondo hinausgehen, und neben vielen Anregungen zu Training und Technik finde ich bei der Lektüre manchmal den ein oder anderen Satz, der – eigentlich fast schon selbstverständlich – auch im Taekwondo seine Auswirkungen haben kann, soll oder gar muss. Funakoshi umschreibt hier die äußere und innere Ausstrahlung eines wahren Kampfkünstlers.

«Sein Lächeln kann die Herzen der Kinder gewinnen, sein Zorn lässt einen Tiger aus Angst zusammenkauern.»

Gibt es heute noch solche Kampfkünstler? Oder ist dies nur ein Mythos um den Charakter eines wahren Kämpfers? Ein Ideal aus längst vergangenen Samurai-Zeiten? Und wenn es ein Ideal ist, hat es heute noch seine Berechtigung?

Mit einem Lächeln gewinnt der wahre Kampfkünstler die Herzen der Kinder! Unbestritten, vor allem, wenn er lehrt. Der ewig grimmig dreinblickende und überstrenge Trainer kann kaum einen wahren Erfolg haben; er sollte der Vergangenheit angehören. Denn auch – oder gerade – mit einem Lächeln lässt sich Disziplin aufbauen und lassen sich die Grundzüge des Taekwondo leichter lehren. Und dies gilt – ganz nebenbei gesagt – nicht nur für den Unterricht mit Kindern. Gerade die Erwachsenen, die meist im Stress des Berufslebens stehen und am Abend nach dem Job zum Taekwondo-Training kommen, suchen in der sportlichen Gemeinschaft eine freundliche und – im Prinzip – stressfreie Umgebung. Denen den Unterricht mit einem Lächeln zu «versüßen», kann echte Fortschritte im Training mit sich bringen.

Und es geht ja noch weiter: Dieses Lächeln hat ja ebenso Auswirkungen auf alles andere: Familie, Freunde, Kollegenkreis, die Nachbarn in der Bahn oder im Bus oder selbst auf Passanten auf der Straße. Wer es nicht glaubt, der sollte es einfach einmal ausprobieren. Aber dieses Lächeln, das Funakoshi meint, ist allerdings mehr als das reine höfliche, sympathische Lächeln, das uns die gute Kinderstube – hoffentlich – in die Wiege gelegt hat.

Das Lächeln des wahren Kampfkünstlers wird nicht durch die unzähligen kleinen Gesichtsmuskeln hervorgerufen, es ist keine Höflichkeitsmimik, vielmehr kommt es aus dem Herzen. Das Lächeln kommt aus den Augen, der Pforte zum Herzen. Man kann sich noch so anstrengen, ein solches Lächeln lässt sich nicht antrainieren! Es kann nicht «gestellt» werden.

Aber auch der Zorn – jener, der selbst einen Tiger zusammenkauern lässt – kann aus den Augen eines wahren Kampfkünstlers für kurze Zeit aufblitzen.

Zugegeben, die Texte, die Ozzy Osbourne in dem neuen Album «13» singt, sind schon intellektuell etwas fragwürdig und düster. Eigentlich gibt es ja auch nur wenige Rocksongs, die mit wirklich guten Texten daherkommen. Das gilt sowohl für alte als auch für neue Lieder der meisten Bands. Nicht nur von Black Sabbath, deren Sänger Ozzy Osbourne ja ist. Wieder ist, muss man sagen. Denn seit 1978, nach dem «Zerfall» der Band, ist «13» das erste Album, das Black Sabbath aufgenommen hat. Mehr als 30 Jahre nach der letzten Veröffentlichung hat sich die Band erneut zusammengefunden (bis auf den Schlagzeuger), ist ins Studio gegangen, hat gemeinsam musiziert und eine neue Produktion auf den Markt gebracht.

Jetzt kann man zur Musik von Black Sabbath stehen, wie man will, denn hier geht es nicht um die Musik von Black Sabbath, sondern um das Musikmachen. Einen kleinen Eindruck davon, wie Black Sabbath heute Musik macht, bekommt man in einigen Videos, die mit dem Erscheinen des neuen Albums veröffentlicht worden sind; Promotionvideos im Grunde, die die Band im Studio beim Einspielen der neuen CD zeigen. Und was man da sieht, ist richtig spannend. In vielerlei Hinsicht.

Ozzy Osboure und seine Kollegen sind heute allesamt gut über sechzig Jahre alt. Also jeder Einzelne, nicht zusammen! Aber wie die alten Herrschaften da zusammensitzen, die Gitarren auf dem Schoß, und absolut «cool and relaxed» besten Hardrock bieten, ist schon bemerkenswert. Da ist keine Bühnenshow, kein «Sichproduzieren», da wird ganz einfach Musik gemacht: «Cool & relaxed» im Sitzen.

Ganz anders – aber das ist ja dann auch eine echte Bühnenshow – die Rolling Stones, die ja derzeit durch die Welt touren und ihr 50-jähriges Bestehen der Band mit ihren Fans feiern. Die Stones sind ähnlich alt wie die Leute von Black Sabbath oder die von The Who, die auch wieder zu sehen und zu hören sind.

Haben Sie deren Videos mal gesehen? Oder gar eine der Bands live erlebt? Ich glaube, wir können uns da im Taekwondo ein Scheibchen abschneiden. Also nicht von den Videos, vielmehr von der Leistung dieser «Rockopas». Es ist die Spielfreude, der Spaß an der Sache, die man in den Videos entdeckt (und in der Musik hört). Elemente, die sich diese Herren des Rock bis heute erhalten haben. Spielfreude und Spaß! Und dabei muss ja im Grunde keiner von denen mehr auf die Bühne. Es gibt wohl kaum eine Notwendigkeit dafür, und so, scheint es mir, ist es die pure Begeisterung für die Sache. Bei denen ist es die Musik, bei uns ist es das Taekwondo.

Ich erinnere mich an einen Schwarzgurtkollegen, damals schon an die sechzig Jahre alt, der gewissermaßen mit einer Art von Neid oder Missgunst kaum ein gutes Haar an neuen jungen Schwarzgurten ließ, der aber selbst verbissen versuchte, es ihnen, was die Ausführung von Formen, Frei- oder Einschrittkampf betraf, gleichzutun und – man ahnt es – scheiterte. Scheitern musste, denn die anderen waren ja schließlich gut vierzig Jahre jünger. Aber er war auch nicht in der Lage, sich auf die Rolle eines Mentors oder Lehrers einzustellen. Er wollte sein über lange Jahre gesammeltes Wissen nicht weitergeben und konnte sich eine Rolle als Übungsleiter nicht vorstellen. Irgendwann hat er dann mit Taekwondo aufgehört.

«It's only rock 'n' roll but I like it», singen die Stones. Um wie viel gute Musik wären wir heute ärmer, hätten die Mannen um Mick Jagger oder Ozzy Osbourne oder Robert Plant irgendwann mit ihrer Musik aufgehört, nur weil Jüngere bessere Platzierungen in den Charts erreichten oder noch virtuoser Gitarre spielten oder ... oder ... Lasst es uns (ob wir nun zu den etwas Älteren im Taekwondo gehören oder zu denen, die immer mit sich und anderen kämpfen müssen, sich vergleichen müssen) den alten Rockstars gleichtun, lasst uns den Stones-Titel etwas abändern: It's only Taekwondo but I like it.

Some like it hot!

Some like it hot! Manche mögen's heiß, oder anders übersetzt: scharf! Extrem scharf sogar! Nein, nein, ich meine nicht den berühmten Billy-Wilder-Film mit Marilyn Monroe. Ich denke an das wirklich Scharfe, Messerscharfe, Rasiermesserscharfe. Ich denke ... richtig! ... ans Rasieren. Aber auch, wenn es in diesen Zeilen ums Rasieren geht, werden die Frauen und Mädchen, die dieses hier lesen, es auch verstehen. Vielleicht sogar etwas besser.

Also, zu welchem Typ Rasierer gehören Sie, lieber Leser? Sind Sie ein Schaum-aus-der-Dose-Nutzer mit Wegwerf-Systemklingen? Doppel-, Drei- bis Fünffach-Klingen in buntem Halter aus Plastik? Oder gehören Sie eher zu denen, die es lieber traditionell machen, mit dem «alten» Rasiermesser, das immer wieder abgezogen werden muss? Oder sind Sie einer mit echtem Rasierhobel, in den diese hauchdünnen Metallplättchen als Rasierklinge eingelegt werden? Oder nutzen Sie gar einen Injector (die Klingen dafür kann man hier scheinbar nur noch aus den USA und aus Holland übers Internet beziehen)? Also, was sind Sie für einer? Gehen Sie manchmal das Risiko eines kleinen «Cut» ein und sind Sie gelegentlicher Nutzer eines Alaunsteins? Oder gehen Sie lieber auf Nummer sicher? Gehen kein Risiko ein, lassen die Mehrfachklingen sanft und papiertaschentuchgleich übers Gesicht gleiten? Ist die absolute Rasur Ihr Ziel oder geben Sie sich damit zufrieden, dass ein paar Reststoppeln übrig bleiben?

Okay, ich gebs zu: Ich mags lieber messerscharf und nutze den traditionellen Weg. Nicht seit immer und ewig, aber ich habe ihn (wieder) für mich entdeckt. Kein Schaum aus der Dose, nur echte Rasiercreme oder -seife, die mit dem Pinsel aufgetragen werden muss, die einwirken muss. Ich lasse mir dazu Zeit. Dann die Klingen! Das Einlegen einer frischen Klinge ist fast schon ein Ritual, ein sorgsames, vorsichtiges Hantieren mit etwas, was bei unsachgemäßer Verwendung ungeheure Verletzungen zufügen kann – und sei es nur an den Fingern! Dann das Rasieren an sich! Ähnlich dem Einlegen der Klingen muss hier tatsächlich höllisch achtgegeben werden. Da kommt es auf Winkel, Druck, Wuchsrichtung und vieles mehr an. Es ist nicht einfach! Und ein bisschen gefährlich! Es gehört Koordination dazu, Konzentration sowieso und viel Übung, will man die Prozedur heil überstehen.

Ist es nicht auch so ähnlich beim Taekwondo? Um einen Zweikampf ohne Verletzung zu überstehen, einen Einschrittkampf glaubwürdig darzustellen und eine Pumsae genau, exakt und überzeugend zu präsentieren, braucht es ebenfalls viel Übung. Was für ein Kämpfer sind Sie? Einer der weicheren Sorte, dessen Pumsae nett und graziös anmutet? Wie sieht es mit den Einschrittkämpfen aus? Zart und weich oder doch lieber ab und zu mit ein wenig realistischem Kontakt? Und überhaupt: die einzelne Technik! Ist die stimmig und eine echte Taekwondotechnik oder doch eher etwas «verwaschener» und ohne wirklichen «Brennpunkt»? Gewissermaßen nach dem Motto: Hauptsache, es sieht noch einigermaßen gut aus? Sind Ihnen die paar «Stoppeln» in Ihrer Vorführung gleichgültig? Oder führen Sie eine Form nicht doch lieber sauber, ohne Ecken und Kanten und scharf mit der richtig ausgeführten Technik aus?

Allzu oft erlebt man solches selbst bei öffentlichen Vorführungen und Prüfungen. Dort, wo man eigentlich wirklich zeigen will, was man kann. Meist sieht es noch einigermaßen gut aus, aber es fehlt die Akkuratesse, die Exaktheit, die Schärfe der Genauigkeit, die Tiefe der Sauberkeit. Es fehlt das Messerscharfe der Technik.

Aber bitte, fangen Sie nicht an zu glauben, dass man(n), wenn man(n) sich sich auf die alte, herkömmliche Art rasiert, gleich die bessere Pumsae ausführt ... Ich weiß es!

In diesem Monat werde ich wieder ein Jahr älter. Dabei fällt mir auf, dass ich, auch wenn ich in der Regel nur Erwachsene unterrichte, vom Alter her für einige Schüler der Vater sein könnte. Nicht nur rein rechnerisch betrachtet – einige der Schüler kenne ich seit vielen Jahren, und eigentlich ganz selbstverständlich hat sich ein Vertrauensverhältnis entwickelt.

Man kennt sich und man arbeitet intensiv miteinander. Mehrmals in der Woche. Monat für Monat. Jahr für Jahr. So erfährt man als Trainer durchaus von Eheproblemen, Krankheiten oder dem lieben Geld und bekommt vieles mit. Manches, was man vielleicht lieber gar nicht wissen möchte.

Einerseits kann man jetzt formulieren, dass da so etwas wie eine Taekwondo-Familie entstanden ist, andererseits bringt dies auch manchmal so einiges – auf das Taekwondo bezogen – an Fragestellungen mit sich.

Ich erinnere mich an eine Prüfung, bei der ich vor vielen Jahren assistieren durfte. Es war eine sehr große Prüfung, das heißt, sehr, sehr viele Schüler sollten sich an diesem Nachmittag der Prüfung zum nächsthöheren Geup unterziehen, und wir, damals frischgebackene Schwarzgurte, sollten die Formen prüfen.

Eine Frau ist mir dabei besonders im Gedächtnis geblieben. Wir wussten nichts über diese Frau, die mit Beharrlichkeit den Faustst0ß in der zu prüfenden Form immer und immer wieder – auch nach Korrektur – statt zur Körpermitte nach oben, Richtung Kopf, platzierte. Für uns war klar, da herrschte wohl etwas «Nachholbedarf», und wir wollten diesen Prüfungsteil als «nicht bestanden» vermerken. Allerdings herrschte uns – zu unserer Überraschung – plötzlich der Oberprüfer an, wir sollten hier nicht so streng sein. Schließlich trainiere diese Frau fleißig, sei Mutter von zwei kleinen Kindern und stamme aus sozial schwierigen Verhältnissen. Die Frau bestand ihre Prüfung. Wir waren überrascht, verstanden es damals nicht wirklich.

Heute, viele Jahre danach, stehe ich manchmal wieder vor ähnlichen Problemen, doch diesmal muss ich alleine entscheiden. Sind die Leistungen wirklich dem Anforderungskatalog entsprechend? Muss ich nicht hier und da ein Auge oder gar zwei zudrücken?

Taekwondo ist Kampfsport und Kampfkunst, und für viele ist es auch eine Art Gesundheitslehre. Irgendwie soll Taekwondo bei vielerlei Anliegen helfen, es soll einen «weiterbringen». Aber wobei genau? Helfen, sich selbst verteidigen zu können? Körperliche Fitness zu erlangen? Ein Krieger zu werden? Durch die Bewegung gesund zu bleiben oder zu werden? Selbstbewusstsein zu fördern? Ein erfolgreicher Sportler zu werden?

Taekwondo ist sehr facettenreich und bietet sehr viel an. Und eigentlich sollten auch alle Ansprüche an eine Kampfkunst befriedigt werden können. Der Frau aus sozial schwachem Milieu kann man zu ein bisschen mehr Selbstachtung und Selbstbewusstsein verhelfen, dem jungen Wilden vielleicht eine Zukunft als Sportler bieten. Heute verstehe ich die Entscheidung von damals. Ich werde ja auch in diesem Monat wieder ein Jahr älter.

Kleider machen Leute?

Kleider machen Leute … Wer kennt sie nicht, diese Novelle des Schweizer Schriftstellers Gottfried Keller. In der Sammlung *Die Leute von Seldwyla* vor fast 130 Jahren erschienen, ist sie eine der bekanntesten Erzählungen der deutschsprachigen Literatur.

Die Geschichte handelt ja bekanntlich von dem Schneidergesellen Wenzel Strapinski, der sich trotz seiner Armut gut kleidet und der in einer fremden Stadt wegen seines Äußeren für einen polnischen Grafen gehalten wird. Daraus entspinnt sich eine turbulente Liebesgeschichte mit gutem Ende.

Ja, Kleider machen Leute. Bei uns im Taekwondo ist das zunächst einmal der Dobok. Und dazu kommt ein – für viele – wichtiges Accessoire: Der Gürtel. Und dabei kommt es den allermeisten auf die Farbe an. Kleider machen Leute! In diesem Fall sogar Meister. Zumindest nach außen hin.

Vor ein paar Tagen flimmerte eine Internetseite aus Deutschland über meinen Bildschirm. Dort waren Kinder zu sehen, die anscheinend einen schwarzen Gürtel für einen Monat lang tragen dürfen – gewissermaßen Schwarzgurte mit «Verfallsdatum». Oder der Schwarzgurt wurde «zur Belohnung» für ein eifriges Training einmal für ein Foto dem entsprechenden Kind umgebunden. Unter dem Bild stand so etwas wie: «Den ganzen Monat super trainiert und sich verdient den Monatsschwarzgurt erkämpft hat …», und dann folgte der Name des «Monatsmeisters».

Kinder im Training bei der Stange zu halten ist sicherlich ein schwieriges Unterfangen, wenn man nicht direkt von einem schwierigen Geschäft sprechen will. Aber der Zweck heiligt ja bekanntlich die Mittel. Ehrt man die Kinder (wenn auch mit zumindest zu hinterfragenden Methoden), ehrt man die Eltern; die sind nun überzeugt: Hier ist mein Kind in guten Händen, hier ist mein Kind gut aufgehoben, hier zahle ich gerne weiter meine Beiträge.

Bislang kannte ich solche oder ähnliche Methoden lediglich von Taekwondo- oder – ganz allgemein – von Kampfsport-Unternehmen, die ihren kommerziellen Ursprung in Amerika haben. Dort werden Kinder mit speziellen Programmen und Programmangeboten geködert, den Eltern dadurch kräftig in die Tasche gegriffen. Da gibt es das kostenpflichtige Blackbelt-Programm, ein kostspieliges Waffentraining, ein kostenintensives Selbstverteidigungsprogramm und so weiter. Die Anzüge und die Gürtel dieser Kinder und Jugendlichen sind in etwa vergleichbar mit dem Lametta eines Generals. Der gelbe Gürtel hat einen schwarzen Streifen oder Stern, um das Kind als Teilnehmer des Blackbelt-Programms auszuweisen, ein weiterer Streifen weist so manchen Knirps zusätzlich als «angehenden Waffenspezialist» aus. Und die Anzüge? Neben dem Verbandslogo prangt das Logo des Schwarzgurtclubs und das der Schule; auf den Ärmeln der Anzüge dann weitere Aufnäher. Das Weiß des Anzugs dient nur noch als Lein- oder Pinwand für Aufnäher.

Kleider machen Leute! In dem Fall sind es die vielen, bunten Accessoires, die das (Trainings-)Kleidungsstück zieren und den Träger als etwas anscheinend Besonderes ausweisen: In der Geschichte von vor 130 Jahren wurde aus dem armen Schneider plötzlich ein Graf; heute im kommerziellen Dojang werden aus Kindern gleich Meister. Aber ob solche Geschichten immer glücklich ausgehen?

Sie erinnern sich sicher noch an den Film *Karate Kid*. Ich meine den alten von 1984 mit Ralph Macchio als Karate Kid Daniel LaRusso und mit Noriyuki «Pat» Morita als Mr. Kesuke Miyagi. Erinnern Sie sich darin an die Szene, in der Mister Miyagi Daniel aufforderte, das Auto zu waschen und zu polieren? «Auftragen, polieren!», kommandierte Mister Miyagi immer wieder, und der Zögling führte dabei ganz unbewusst korrekte Karatebewegungen aus und verinnerlichte so deren Ablauf. Sie erinnern sich sicherlich.

Vor einiger Zeit, also ein paar Jahren, trainierte ich bei einem Meister aus Korea, dessen Dojang gerade renoviert wurde. Der Trainingsraum war vor Kurzem mit einem neuen Holzboden versehen worden, die Wände frisch verputzt. Überall standen Eimer mit Werkzeug, Sand, Zement und was man sonst so alles zum gründlichen Renovieren braucht. Kurz: Das Dojang war im Grunde eine Baustelle und der neue Boden selbst war ordentlich verstaubt und verdreckt.

Als ich aus der Umkleide kam (auch die war eine Baustelle), sah ich den Meister, wie er den Boden fegte. Nicht das ganze Dojang, nur so viel, dass wir beide einen sauberen Boden unter die Füße bekommen sollten. Und irgendwie stand da Mister Miyagi. Naja, zumindest insofern, als dass der Meister in korrekter Rückwärtsstellung und manchmal stur in Reiterstellung positioniert war und den Besen hin und her bewegte. Keine seiner Bewegungen war ein schlichtes Kehren, vielmehr sah es so aus, als wenn er die Tätigkeit des Kehrens dazu nutzte, seine Taekwondo-Stellungen zu kontrollieren. Er stand fest und bewegte sich, arbeitete, kehrte dabei gewissermaßen nur mit dem Oberkörper. Ich sprach ihn nicht darauf an, was mir da so durch den Kopf ging, und ich vergass es auch recht schnell wieder.

Im vergangenen Winter, als ich meiner Bürgerpflicht nachkommen musste, den Bürgersteig vor unserem Haus vom Schnee zu befreien, fiel mir das Erlebte von damals wieder ein, und ich begann, das Schneeentfernen von Straße und Trottoir als Taekwondo-Übung auszuführen. Aber nicht nur das. Ich war so auf die Bewegung des Schneekehrens konzentriert, auf die Stellung meiner Beine und die Bewegungen meiner Arme, dass ich alles rund um mich herum sozusagen vergaß: Ich war «voll bei der Sache». Ich glaube, so etwas kommt dem, was man Achtsamkeit nennt, ziemlich nahe, und nebenbei, wie Daniel LaRusso, übte ich Taekwondo.

Ich weiß nicht, wo Sie leben, aber hier im Südwesten gab es in diesem Jahr bislang noch keinen Schnee. Wenn er dann kommt, will ich ihn nutzen. Ganz im Sinn von Auftragen und Polieren. Zumindest werde ich mich daran erinnern.

Der Autor

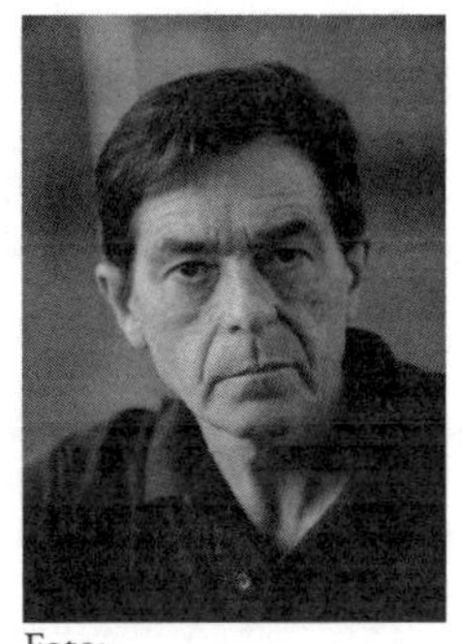
Foto:
Pasquale D'Angiolillo

Wolfgang Schmitt beschäftigt sich seit vielen Jahren mit asiatischen Kampfkünsten und unterrichtet derzeit Taekwondo an der Volkshochschule Saarbrücken sowie im benachbarten Frankreich. Er ist Mitglied der Deutschen Taekwondo Union und bekleidet seit 2012 das Amt des Landespressereferenten der Taekwondo Union Saar.

Wolfgang Schmitt ist regelmäßiger Autor in *Taekwondo Aktuell*, dem offiziellen Fachorgan der Deutschen Taekwondo Union, und veröffentlichte zahlreiche Bücher, darunter im Jahr 2009 den Titel *Spuren des Weges – Taekwon-Do*.

Im gleichen Verlag:

Andrea-Mercedes Riegel

Taekwondo

Hintergründe und Philosophie
einer asiatischen Kampfsportart
ISBN 978-3-932337-58-1

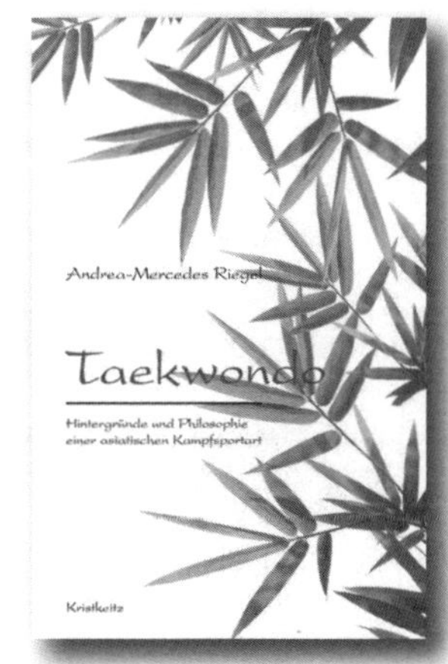

Das moderne Taekwondo ist eine besondere Kampfsportart, die in den Fünfzigerjahren des 20. Jahrhunderts entstand und eine Geschichte voller Widersprüche schreibt. Es ist ein Abkömmling des Shotokan-Karate und gleichzeitig als dessen Widerpart konzipiert. Es ist olympische Disziplin auf der einen und philosophisches Kunstwerk auf der anderen Seite.

Dieses Buch befasst sich mit den Ursachen dieser Widersprüchlichkeit, es legt offen, was sich hinter dem Taekwondo, das wir heute kennen, verbirgt, wie es zu dem wurde, was es ist. Die politischen Motivationen seiner Gründer werden herausgestellt und die philosophischen Aspekte des Taekwondo analysiert. Insbesondere der enge Bezug zum Yijing wird detailliert erläutert.

Gleichzeitig wirft es einen kritischen Blick auf die neueren Entwicklungen im Taekwondosport im Vergleich zu den Intentionen der Väter des Taekwondo. Bewusst wird auf die Darstellung von Bewegungsabläufen und auf jede Auseinandersetzung mit körperlichen Übungsformen verzichtet. Es geht hier um die Vermittlung eines tieferen Verständnisses koreanischen Denkens und dieser Kampfsportart, die unter schwierigen Umständen auf koreanischem Boden entstanden ist.

Die Autorin Andrea-Mercedes Riegel, Jg. 1957, promovierte in Sinologie und theoretischer Medizin. Sie betreibt seit 1980 Taekwondo in der WTF und trägt den 6. Dan.

Werner Kristkeitz Verlag
Löbingsgasse 17 • 69121 Heidelberg • www.kristkeitz.de

Im gleichen Verlag:

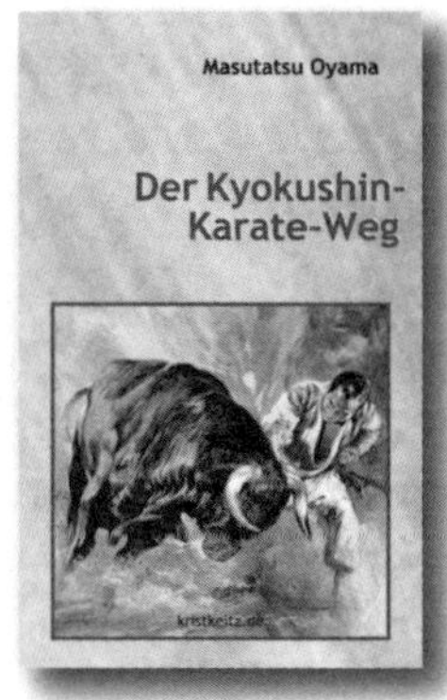

Masutatsu Oyama

Der Kyokushin-Karate-Weg

ISBN 978-3-921508-23-7

Mas Oyama, geboren als Choi Hyung-yee in Südkorea, war eine der bekanntesten Persönlichkeiten unter den Gründer-Meistern des Karate und ist in die Geschichte dieser Kampfkunst eingegangen als der Mann, dem es gelang, die Hörner lebender Stiere abzuschlagen.

Aber mehr als dies: Er gründete einen Karate-Stil, der es für sich in Anspruch nehmen konnte, die meisten Anhänger weltweit zu vereinigen und aufgrund seiner Erfolge in Wettkämpfen als die stärkste Form des Karate angesehen zu werden.

Mit zwanzig Jahren bereits mit dem 4. Dan graduiert, entschloss Oyama sich bald, sein ganzes Leben dem Karate zu widmen. Jahre der Zurückgezogenheit in den Bergen vervollkommneten sein technisches Können wie auch seinen seelisch-geistigen Fortschritt, ohne den es keine echte Meisterschaft geben kann.

Die Quintessenz seiner Erfahrungen und Lehren – die weit über die technischen Aspekte des Karate hinausgehen – legt Oyama in diesem Buch dar, das jedem Karateka, gleich, welchem Stil er folgt, zur Lektüre empfohlen sei, wenn er das sucht, was den Gründern dieser Kunst eigentlich am Herzen lag: Karate als WEG.

Werner Kristkeitz Verlag
Löbingsgasse 17 • 69121 Heidelberg • www.kristkeitz.de

Im gleichen Verlag:

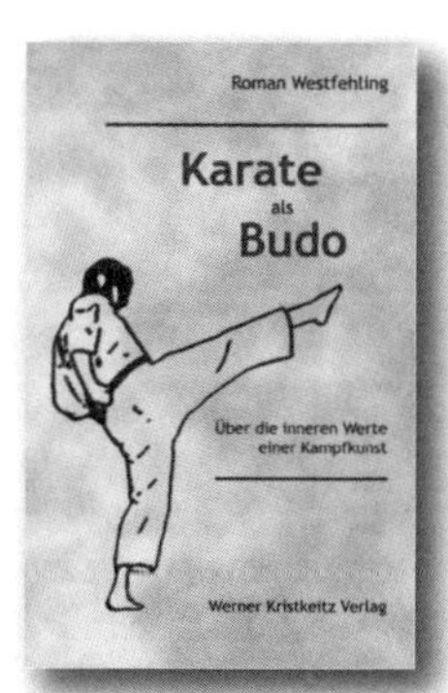

Roman Westfehling

Karate als Budo

Über die inneren Werte einer Kampfkunst

ISBN 978-3-932337-41-3

Dieses Grundlagenbuch gibt dem Leser, Lehrer wie auch Schüler, Gelegenheit, die Verbindungen zwischen Technik und Übung, Kata und Kampf, körperlicher und geistiger Übung zu verstehen, und will ihm dabei helfen, auf dem Weg des Karate wirklich voranzukommen. Ki ist hierbei eine essenzielle Größe, soll das Karate wirklich als Budo betrieben werden, als ein Weg zur Spiritualität durch beständige Übung. Der Autor zeigt auf, wie sich Ki als roter Faden durch alle Bereiche der Kampfkunst Karate zieht, und er schöpft bei seinen Erklärungen aus über 35-jähriger Übungs- und Unterrichtserfahrung.

Dr. Westfehling ist Träger des 5. Dan Shito-ryu Genbukai International sowie 4. Dan Shito-ryu und 3. Dan Shotokan DKV.

Das Buch ist ein »besonderer Gewinn für Leser, die bereit und willens sind, mitzudenken und das Gelesene und geistig Verarbeitete dann im Training und Kampf umsetzen wollen.« (*Sportbox*)

Ein Buch nicht nur für den Karateka.

Werner Kristkeitz Verlag
Löbingsgasse 17 • 69121 Heidelberg • www.kristkeitz.de

Im gleichen Verlag:

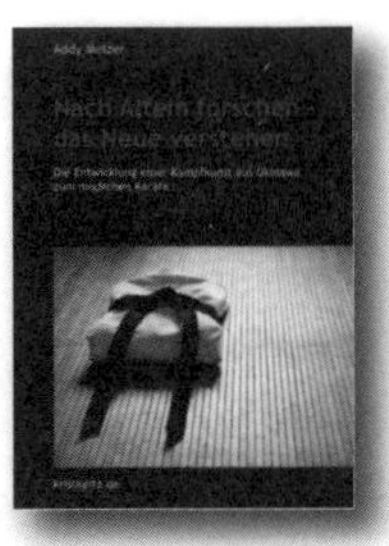

Addy Melzer
Nach Altem forschen –
das Neue verstehen
Die Entwicklung einer Kampfkunst aus Okinawa zum modernen Karate
Vorwort von Roland Habersetzer, 9. Dan
ISBN 978-3-932337-51-2

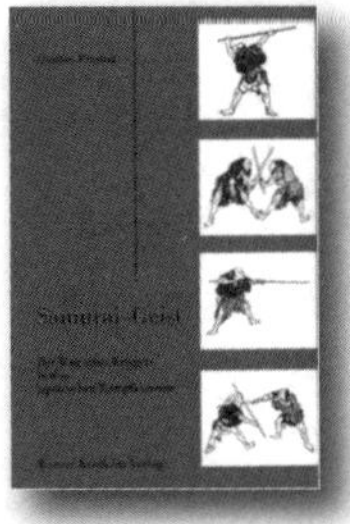

Thomas Preston
Samurai-Geist
Der Weg eines Kriegers in den japanischen Kampfkünsten
ISBN 978-3-921508-76-3

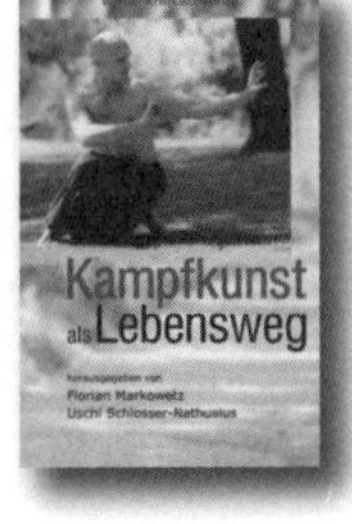

Schlosser-Nathusius / Markowetz (Hg.)
Kampfkunst als Lebensweg
ISBN 978-3-932337-14-7

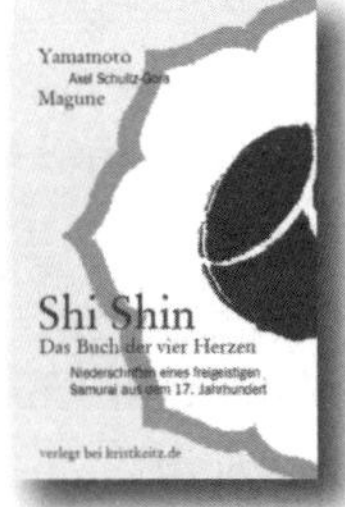

Yamamoto Magune / Axel Schultz-Gora
Shi Shin – Das Buch der vier Herzen
Niederschriften eines freigeistigen Samurai aus dem 17. Jahrhundert
ISBN 978-3-932337-09-3

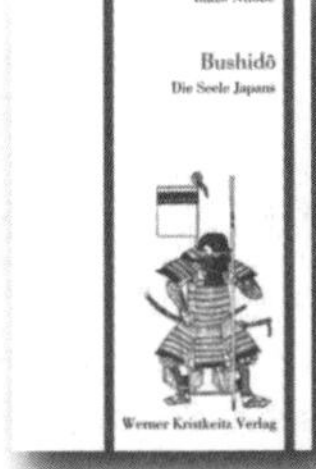

Inazo Nitobe
Bushido – Die Seele Japans
ISBN 978-3-921508-82-4

Werner Kristkeitz Verlag
Löbingsgasse 17 • 69121 Heidelberg • www.kristkeitz.de